# YCT 1급

# 탑 어린이 중국어

베이징 탑 중국어 학원 기획

김미홍 · 王佳琦(왕가기) 지음

창조와 지식

# 머리말

이 교재는 일선 선생님들의 현장 교육이 녹아들어 간 실용적이고 재미가 더 해진 청소년 중국어 교재입니다. 중국어 교수법을 전공하고 다 연간의 중국어 교학 경험을 바탕으로 교재를 편찬하여 일상에서 최대한 활용할 수 있는 기본 회화를 익힐 수 있습니다.

중국 한반 교육부 정책에 포커스를 맞춘 중국어 회화 및 YCT(중국 국가 공인 청소년 중국어 시험) 자격증을 동시에 취득할 수 있는 교재 이며, 실용적인 회화 표현을 익히고 한 권이 끝남과 더불어 자격증을 취득하여 학습 성취도를 향상할 수 있습니다.

〈탑 어린이 중국어〉는 학원의 고유 캐릭터와 함께 하여 중국어에 대한 매력과 흥미를 최대한 살렸으며, 아이들이 즐겁게 익힐 수 있게 동요, 정보, 게임 등 지루하지 않게 구성하였습니다. 또한 이 교재는 교사와 함께 학습할 수 없는 학생들을 위해 QR코드 녹음으로 쉽고 친근하게 접근하도록 하였습니다.

실제로 베이징 탑 중국어학원에서 중국어를 배우며 성장하고 실력을 쌓아온 학생들 김이영, 고준서, 조윤이 과문 회화 녹음에 참여하였으며, 김다현 학생이 직접 노래를 불렀습니다. 위 학생들에게 깊이 감사의 말을 전합니다.

아이들의 참여로 중국어 학습에 대한 성취감 향상과 동기부여가 된 교재 이길 바라며 더불어 아이들의 꿈과 성장을 향해 도약하는 밑 거름이 되는 교재가 되길 바랍니다.

교재에 참여해 주신 학생들의 한 줄 소감입니다.


▶ 김이영 학생

"재밌는 경험이 된 것 같습니다.

중국어를 처음 배우는 학생들이 즐겁게 배웠음 좋겠습니다!"


▶ 고준서 학생

"저처럼 처음 중국어를 배우는 학생들에게 도움이 많이

되었으면 좋겠습니다."


▶ 조윤 학생

"중국어에 관심이 많아 참여까지 하게 되었습니다.

이렇게 참여하며 여러 경험을 한 것 같아 좋았습니다."

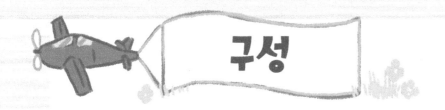

# 구성

## 회화

여러 상황의 회화와 단어를 배워보세요.
QR을 인식해 따라 읽어봐요!

## 말하기

각 과의 상황에 맞는 회화를 익히고, 보기
단어를 이용해 여러 상황을 연출해보세요.

## 쓰기

과문에 나오는 단어는 획순을 따라 써 보
며 한자까지 익혀보세요.

## 실력향상

학습한 내용을 복습하며 스스로 풀어봐요.

## 발음연습

병음을 성조에 따라 발음해보며
익혀보세요.

## 동요&정보&학습

QR을 인식해 동요를 따라 불러보세요.
각 과와 관련된 주제의 정보를 알아봐요.
학습을 통해 즐겁게 중국어를 배워봐요.

## 정답

모범답안을 확인하며 자신이 푼 답안과 비
교해보세요. 체점하고 복습해봐요.

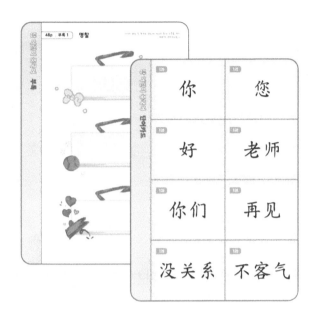

## 부록&단어카드

활동지 관련 부록을 사용해보세요.
단어카드를 잘라서 과 단어를 연습해봐요.

Track 00-0

## MP3

회화, 문제, 동요의 큐알코드를 카메라로 인식하면 본 내용에 맞는 음성과
인물의 대화 영상을 볼 수 있습니다.
MP3를 통해 듣고, 읽고, 쓰며 익혀보세요!

# 목차

# 중국에 대해 알아봐요!

| | |
|---|---|
| **국명** | 중화 인민 공화국(中华人民共和国) |
| **수도** | 베이징 |
| **언어** | 중국어 |
| **화폐단위** | 위안(CNY, ¥) |
| **면적** | 9억 6천만 1,300ha (4위) |
| **인구** | 14억 2,567만 1,352명 (2위) |
| **민족 구성** | 한족(90%)기타 55개 소수민족 |
| **표준어** | 보통화 |

# 중국어 좀 더 알고 가요!

## 언어특징

1. 성조가 있다(음의 높낮이로 4가지의 성조가 있다.)

2. 고립어(조사가 없고 형태 변화가 없다.)

3. 형태소가 단음절이다.(한자 한 글자마다 뜻을 가지고 있다.)

4. 양사가 발달되어 있다.

## 어순

주어 + 술어 + 목적어

我　爱　你。　　你　爱　我。

나는　너를　사랑해　　너는　나를　사랑해

# 중국어에 한발작 더 다가가요!

### I 중국어 어떻게 쓰나요? I

우리나라에서 쓰는 한자는 '**번체자(繁体字)**', 중국에서 쓰는 한자는 '**번체자(繁体字)**'를 간
단하게 만든 '**간체자(简体字)**'를 사용합니다.

한국

**韩国** = **Hánguó** = **韓國**

### I 중국어 발음 어떻게 하나요? I

중국어는 '**한어병음(汉语拼音)**'이라는 로마자(알파벳) 발음 표기 규정에 따라 읽어요.
한어병음은 '**성모, 운모, 성조**'로 이루어져 있어요.

성조는 음의 높낮이를 나타냅니다.

**zhōng**

성모는 우리말의 자음과
비슷합니다.

운모는 우리말의 모음과
비슷합니다.

# 1 성모와 운모

성모는 21개, 운모는 36개로 이루어져 있어요.

성모
b p m f d t n l g k h
j q x z c s zh ch sh r

운모
a o e i u ü ai ao an ang
ou ong ei en eng er
ia ie iao iou ian iang iong in ing
ua uo uai uan uang uei uen ueng
üe üan ün

# 2 성조

중국어 성조에는 1성부터 4성까지 총 4개의 성조가 있어요. 발음이 같아도 성조에 따라
뜻이 달라지기 때문에 성조는 매우 중요해요.

# 등장인물 소개

**王老师** 왕 선생님

[ Wáng lǎoshī ]

국적 : 중국

학생들을 지도하는 중국어 선생님

이다!

**高俊抒** 고준서

[ Gāo Jùnshū ]

국적 : 한국

책을 너무나도 좋아하고

에너지가 넘치는 준서!

**赵昀** 조윤

[ Zhào Yún ]

국적 : 한국

지식을 탐구하는 걸 좋아하며,

호기심이 넘치는 윤이!

**金利映** 김이영

[ Jīn Lìyìng ]

국적 : 한국

취미는 바이올린! 성격은 밝고

잘웃는 이영이!

# 안녕!

nǐ hǎo !
你好 !

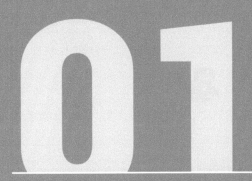

01

서로 인사를 주고받아요.
자신의 잘못을 바로잡고 상대에게 사과해봐요.
상대에게 고마움을 표현해봐요.

MP3를 이용해 듣고, 말하고 써보세요.

 你好。

您好。
Nín hǎo.

赵昀，你好。
ZhàoYún, Nǐ hǎo.

老师，再见！
Lǎoshī, zàijiàn!

赵昀，再见！
ZhàoYún, zàijiàn!

단어 공부 시간

| 你 | nǐ | 너, 당신 | 您 | nín | 당신(你)의 존칭 |
|---|---|---|---|---|---|
| 好 | hǎo | 안녕, 좋다 | 老师 | lǎoshī | 선생님 |
| 们 | men | …들. [사람을 지칭하는 명사나 대명사의 뒤에 쓰여 복수를 나타냄] | 再见 | zàijiàn | 잘가, 안녕히 계세요. |

## 회화2 对不起。

对不起。
Duìbuqǐ.

没关系。
Méi guānxi.

谢谢你。
Xièxie nǐ.

不客气。
Bú kèqi.

Word 01-2

### 단어 공부 시간

| | | |
|---|---|---|
| 没关系 | méi guānxi | 괜찮아요. |
| 谢谢 | xièxie | 감사합니다, 고마워요. |
| 不客气 | bú kèqi | 천만에요. |
| 对不起 | duìbuqǐ | 죄송합니다, 미안해요. |

예시 문구를 보기 단어와 조합해 여러 표현을 말해보세요.

예시

# 对不起。
duìbuqǐ.

보기 단어

| 哭 | 高兴 | 伤心 |
|---|---|---|
| kū | gāoxìng | shāng xīn |
| 울다 | 기쁘다 | 슬프다 |

단어를 바꿔서 다양한 표현을 말해봐요.

예시

# 谢谢你。

Xièxie nǐ.

보기 단어

**多谢**

duō xiè

대단히 감사하다

**不用谢**

bú yòng xiè

고마워 하지 않아도 된다

**别客气**

bié kèqi

고맙긴

쓰기

한자를 보기와 같이 순서대로 따라 써 보세요.

你
nǐ
너, 당신

们
men
…들.

好
hǎo
안녕, 좋다

您
nín
당신(你)의 존칭

老师
lǎoshī
선생님

**24** 你好!

再见
zàijiàn
잘가, 안녕히 계세요.

对不起
duìbuqǐ
죄송합니다, 미안해요.

没关系
méi guānxi
괜찮아요.

谢谢
xièxie
감사합니다, 고마워요.

不客气
bú kèqi
천만에요

① 한자 단어들을 보고 네모안에 병음을 조합해 성조를 표기하세요.

x   b   d   h   k   g   n   m   q
e   i   u   ie   ao   uan   ui   ei

你好          谢谢你          不客气          对不起          没关系

Track 01-5

② 녹음을 듣고, 단어를 묶은 후 성조를 표기하세요.

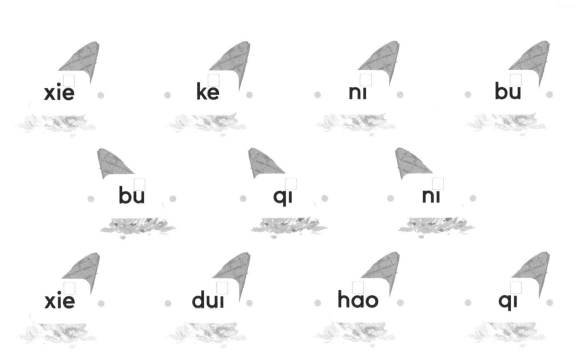

xie          ke          ni          bu

bu          qi          ni

xie          dui          hao          qi

**③** 녹음을 듣고, 빈칸에 알맞은 성모를 쓰고 성조를 표시하세요.

**1**
没关系
Mei
___ an___i

**2**
再见
Z ___ j ___

**3**
对不起
Dui___qi

**4**
谢谢你
__ ie __ ie ni

**④** 아래의 한자 조합에 따라 알 맞은 한자를 골라 연결한 후 맞는 한자를 써주세요.

亻 + 尔 ·          · 好

女 + 子 ·          · 你

又 + 寸 ·          · 没      1.  亻___好

走 + 己 ·          · 对      2.  又__不走

氵 + 殳 ·          · 起      3.  ___殳关系

5 다음 대화에 맞는 말풍선을 찾아 대화해 보세요.

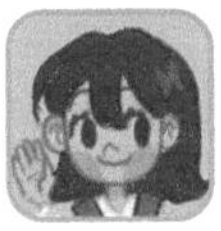

你好！　　　　　　　　　　___不客气！

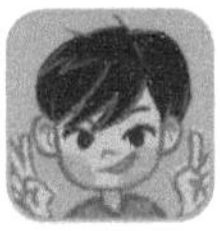

___对不起！　　　　　　　___你好！

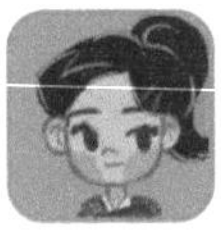

___谢谢你！　　　　　　　___没关系！

6 대화 내용에 맞는 내용을 골라 쓰세요.

A 你好　　　B 再见　　　C 不客气

1.
A: 你好。
B: _____

2.
A: 再见。
B: _____

3.
A: 谢谢你。
B: _____

7 녹음을 듣고 단어와 그림이 일치하면 O, 틀리면 X 를 표기하세요.

<예시>

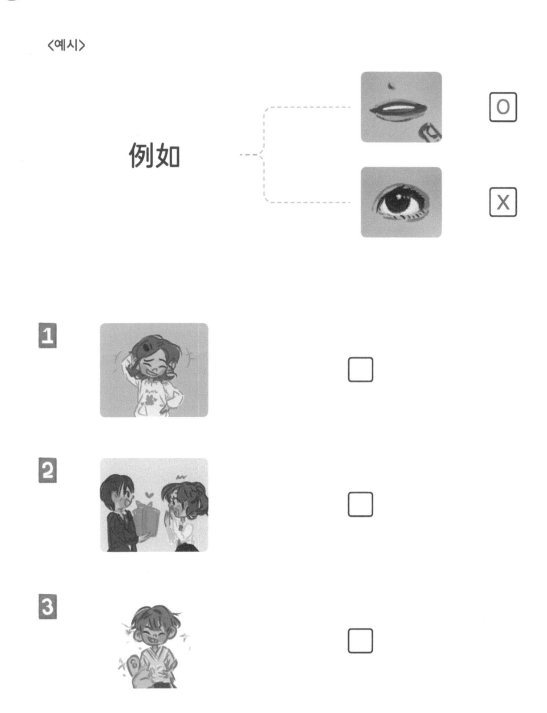

例如 ⋯⋯ O

X

1 □

2 □

3 □

8 단어와 그림이 일치하면 O, 틀리면 X 를 표기하세요.

〈예시〉

狗 (gǒu)  X

米饭 (mǐfàn)  O

1 你好 ( nǐ hǎo )  ☐

2 对不起 ( duì bu qǐ )  ☐

3 谢谢你 ( xièxie nǐ )  ☐

밑에 있는 문장을 여러번 따라 읽으며 발음을 연습해보세요.

(1) m + ei =

mēi   méi   měi   mèi (mei)

(2) g + uan =

guān   guán   guǎn   guàn (guan)

(3) d + ui =

duī   duí   duǐ   duì (dui)

(4) x + ie =

xiē   xié   xiě   xiè (xie)

동요를 따라 불러보세요!

# 你好

### 你好
안녕 nǐ hǎo

### 大家好
모두 안녕 dàjiā hǎo

### 老师好
선생님 안녕하세요 lǎoshī hǎo

### 早上好
좋은 아침 zǎoshang hǎo

## 중국의 전통 인사법에 대해 알아봐요!

### 抱拳禮 (포권례)

포권은 주로 공연이나 무술 경기, 무술 영화 등에서 볼 수 있는 인사법입니다. 오른손 주먹을 왼손에 닿을 때 왼손은 손가락을 뻗어 손바닥을 벌립니다. 중국 고대에서는 일종의 인사 예절에 해당되었으며 일반적으로 '久仰 (jiǔyǎng 존함은 오래전부터 들었습니다.)', '幸会 (xìnghuì 만나뵙게 되어 기쁩니다.)' 등 경어와 함께 사용했다고 합니다.

### 作揖 (작읍)

작읍은 약 3천 년 전 서주 시대에 정식으로 사용하던 고대의 인사법입니다. 똑바로 서서 양손을 가슴 앞으로 올리고, 손바닥은 안쪽을 향하게 합니다. 앞 팔은 지면과 평행을 이루게 합니다. 남자는 왼손을 바깥쪽으로, 여성은 오른손을 바깥쪽으로 위치하게 합니다.

### 万福礼 (만복례)

고대 여자는 포권례 대신 반목이라는 다른 인사법을 했다고 합니다. 먼저 왼손 주먹을 오른손으로 감싸고 그대로 두 손을 왼쪽 허리에 댄 후 무릎을 살짝 굽히고 작은 절을 합니다.

### 拱手礼 (공수례)

공수는 주로 명절이나 예의를 갖춰 인사할 때 하는 전통 인사법입니다. 두 손을 앞으로 모아 포개어 잡는 동작입니다. 남자는 왼손을 오른손 위에 놓고, 여자는 오른손을 왼손 위에 놓습니다.

# 이름이 뭐니?

Nǐ jiào shénme míngzi ?

## 你叫什么名字?

# 02

상대의 이름을 묻고 자신의 이름을 소개해봐요.
그 사람을 알고있나요? 알고 있는 사람을 말해봐요.

 **회화**

MP3를 이용해 듣고, 말하고 써보세요.

 **你叫什么名字?**

你叫什么名字?
Nǐ jiào shénme míngzi?

我叫高俊抒。
Wǒ jiào GāoJùnshū.

她叫什么?
Tā jiào shénme?

她叫金利映。
Tā jiào Jīn Lìyìng.

认识你们我很高兴。
Rènshi nǐmen wǒ hěn gāoxìng.

 단어 공부 시간

| 叫 | jiào | ~라고 부르다 | 什么 | shénme | 무엇, 어떤 |
| 姓 | xìng | 성이~이다 | 名字 | míngzi | 이름 |

회화2    **我不知道。**

老师姓老吗？
Lǎoshī xìng lǎo ma?

我不知道。
Wǒ bù zhīdào.

我也不知道。
Wǒ yě bù zhīdào.

我姓王，叫我王老师。
Wǒ xìng Wáng,   Jiào wǒ Wáng lǎoshī.

Word 02-2

단어 공부 시간

| 她 | tā | 그녀, 그 여자 | 他 | tā | 그, 그 남자 |
|---|---|---|---|---|---|
| 认识 | rènshi | 알다 | 高兴 | gāoxìng | 기쁘다 |

예시 문구를 보기 단어와 조합해 여러 표현을 말해보세요.

예시

# 你姓什么？

Nǐ xìng shénme ?

Word 02-3

**보기 단어**

金
Jīn
(김씨)

李
Lǐ
(이씨)

朴
Piáo
(박씨)

예시

# 你知道这个_____吗？

Nǐ zhīdào zhège _____ ma ?

Word 02-4

보기 단어

**花**
huā
(꽃)

**电影**
diànyǐng
(영화)

**书**
shū
(책)

한자를 보기와 같이 순서대로 따라 써 보세요.

叫
jiào
~라고 부르다

姓
xìng
성이~이다

她
tā
그녀, 그 여자

他
tā
그, 그 남자

什 么
shénme
무엇, 어떤

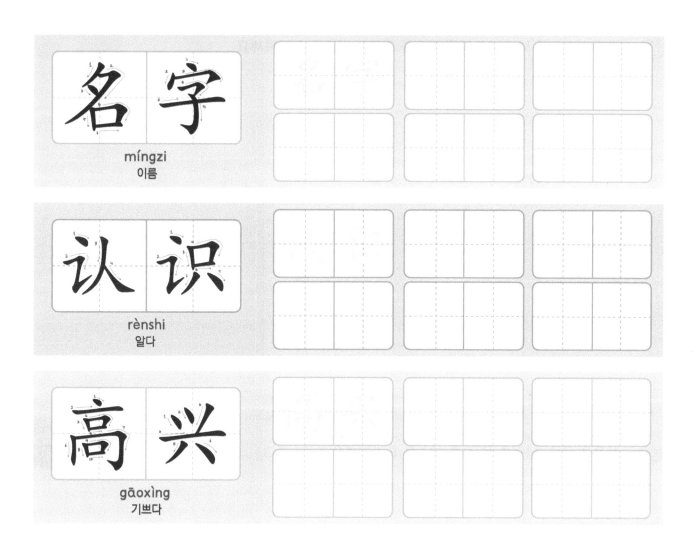

**名字** míngzi 이름

**认识** rènshi 알다

**高兴** gāoxìng 기쁘다

① 한자 단어들을 보고 네모안에 병음을 조합해 성조를 표기하세요.

```
j    sh    m    z    x    t    r

iao    en    e    ing    i    a
```

叫　　什么　　名字　　姓　　她,他　　认识

Track 02-5

② 녹음을 듣고, 단어를 묶은 후 성조를 표기하세요.

ta　　mingzi　　shenme　　ni

renshi　　jiao　　gaoxing　　hen

③ 녹음을 듣고, 빈칸에 알맞은 성모를 쓰고 성조를 표시하세요.

**1**  认识
___en ___i

**2**  什么
___en ___e

**3**  名字
___ing ___i

**4**  高兴
___ ao ___ ing

④ 아래의 한자 조합에 따라 알 맞은 한자를 골라 연결한 후 맞는 한자를 써주세요.

口 + 丩 ·   · 认

亻 + 十 ·   · 名

夕 + 口 ·   · 字

宀 + 子 ·   · 什

讠 + 人 ·   · 叫

1.  你 ___ 什么名字?

2.  你认 ___ 她吗?

5 다음 대화에 맞는 말풍선을 찾아 대화해 보세요.

你叫什么名字？　　　　　　我认识___。

你姓什么？　　　　　　　　我叫___。

你认识__吗？　　　　　　　我姓___。

6 대화 내용에 맞는 내용을 골라 쓰세요.

A 你叫什么名字？

B 您姓什么？

C 我不认识她。

1.
A：您好，_____
B：我姓王。

2.
A：您好，_____
B：我叫李最最。

3.
A：你认识李最最吗？
B：_____

7 녹음을 듣고 단어와 그림이 일치하면 O, 틀리면 X 를 표기하세요.

<예시>

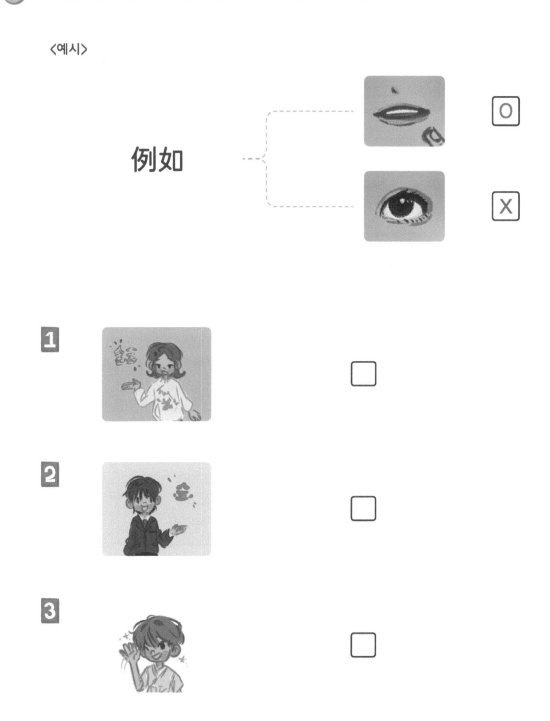

**8** 단어와 그림이 일치하면 O, 틀리면 X 를 표기하세요.

〈예시〉

---------- 狗 (gǒu)   X

---------- 米饭 (mǐfàn)   O

**1**
他是老师.
( Tā shì lǎo shī. )   ☐

**2**
他姓王.
( Tā xìng wáng. )   ☐

**3**
她叫京京.
( Tā jiào Jīng jing. )   ☐

밑에 있는 문장을 여러번 따라 읽으며 발음을 연습해보세요.

(1) sh + en =

  shēn   shén   shěn   shèn (shen)

(2) sh + an =

  shān   shán   shǎn   shàn (shan)

(3) sh + un =

  shūn   shún   shǔn   shùn (shun)

(4) sh + eng =

  shēng   shéng   shěng   shèng (sheng)

(5) sh + ang =

  shāng   sháng   shǎng   shàng (shang)

(6) sh + uang =

  shuāng   shuáng   shuǎng   shuàng (shuang)

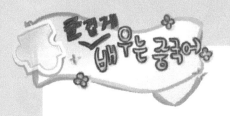

**1** 자신의 한자 이름을 상자안에 이쁘게 꾸며 적어주세요.

부록 1의 명찰에 자신의 한자 이름을 적어
친구들에게 명찰을 소개해봐요~

**2** 한자 이름의 의미를 적어주세요.

_____

_____

_____

중국에서 가장 흔한 이름의 대해 알아봐요!

## "김,이,박" ▶ "리,왕,짱"

우리나라에서 흔한 성이라고 하면 '김, 이, 박'이 있듯 중국에서 흔한 성으로는 '리, 왕, 짱'이 있습니다.

| 중국에서 가장 흔한 성 : | 1위 리 |
| --- | --- |
| TOP 3 | 2위 왕 |
| | 3위 짱 |

중국에서 가장 많은 인구가 가지고 있는 성은 리(李)씨이며 이는 한족(汉族) 중에서 가장 많은 인구가 가지고 있는 성이라고 합니다.

흔한 성이 리씨라면 흔한 이름으로는 '웨이(伟)'입니다. '웨이'는 위대하다, 정신이 대단하고 웅장하며 건장하고 잘생겼다는 뜻을 가지고 있습니다.

| 중국에서 가장 흔한 이름 : | 1위 짱웨이 |
| --- | --- |
| TOP 3 | 2위 왕웨이 |
| | 3위 리웨이 |

'웨이'라는 이름에 흔한 성이 합쳐지면 가장 많이 사용하는 이름이 보입니다. 바로! '짱웨이'입니다. 전국적으로 29만 명이 사용하고 있습니다. (2007년 기준) 그 외에도 많이 쓰이는 이름으로는 '왕웨이'나 '리웨이'등등이 있습니다.

# 너는 어느 나라 사람 이니?

Nǐ shì nǎ guó rén ?

你是哪国人?

# 03

학습 목표

자신이 어느 나라 사람인지 소개해봐요.
상대가 어느 나라 사람인지 물어봐요.

## 회화1 你是哪国人?

老师，您是哪国人？
Lǎoshī, Nín shì nǎ guó rén?

我是中国人。
Wǒ shì Zhōngguó rén.

你是韩国人吗？
Nǐ shì Hánguó rén ma?

我是韩国人, 你呢？
Wǒ shì Hánguó rén, Nǐ ne?

我也是韩国人。
Wǒ yě shì Hánguó rén.

Word 03-1

단어 공부 시간

| 哪 | nǎ | 어느 | 国 | guó | 나라 |
| 人 | rén | 사람 | 谁 | shéi | 누구 |

**他是谁?**

他们是谁？他们是防弹少年 (BTS) 吗？
Tā shì shéi?　　　Tāmen shì Fángdàn shàonián ma?

对。
Duì.

他们是中国人吗？
Tāmen shì Zhōngguó rén ma?

错了，他们不是中国人，
Cuòle,　　Tāmen bú shì Zhōngguó rén,

他们是韩国人。
Tāmen shì Hánguó rén.

단어 공부 시간

| 中国 | Zhōngguó | 중국 | 韩国 | Hánguó | 한국 |
|------|----------|------|------|--------|------|
| 不 | bù | 아니다 | 们 | men | 들 |

MP3를 이용해 따라 말해보세요.

예시 문구를 보기 단어와 조합해 여러 표현을 말해보세요.

예시

A: 你是哪国人？
Nǐ shì nǎ guó rén ?

B: 我是＿＿人。
Wǒ shì ＿＿ rén.

Word 03-3

보기 단어

**中国**
Zhōngguó
(중국)

**日本**
Rìběn
(일본)

**英国**
Yīngguó
(영국)

단어를 바꿔서 다양한 표현을 말해봐요.

예시

A: 你是＿＿＿＿人吗？
　　Nǐ shì ＿＿＿＿ rén ma ?

B: 我不是＿＿＿＿。
　　Wǒ bú shì ＿＿＿＿.

보기 단어

美国
Měiguó
(미국)

加拿大
Jiānádà
(캐나다)

印度
Yìndù
(인도)

한자를 보기와 같이 순서대로 따라 써 보세요.

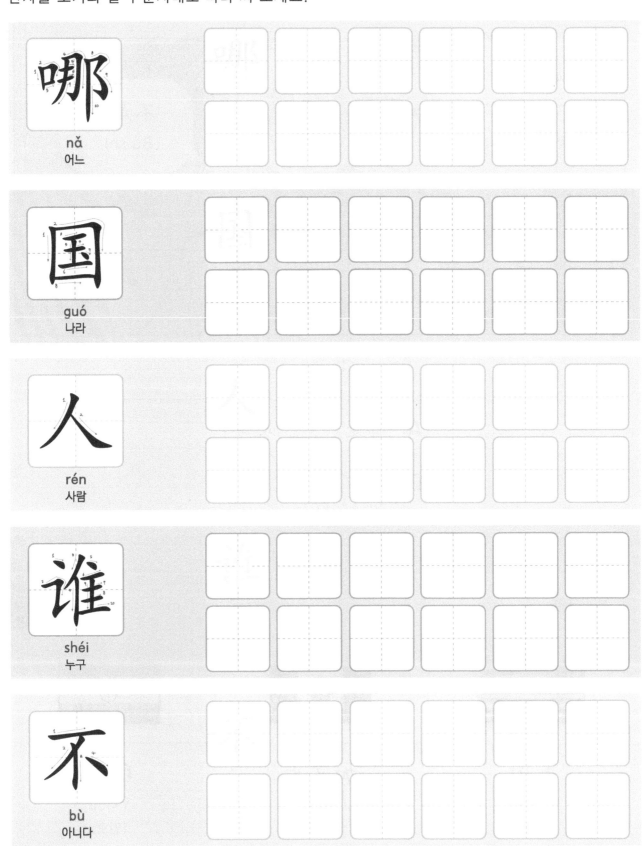

中国
Zhōngguó
중국

韩国
Hánguó
한국

美国
Měiguó
미국

日本
Rìběn
일본

加拿大
Jiānádà
캐나다

**실력향상**

① 한자 단어들을 보고 네모안에 병음을 조합해 성조를 표기하세요.

b    n    g    r    sh    h    zh

uo    en    ei    an    ong    u    a

哪国        人        谁        韩国        中国        不

Track 03-5

② 녹음을 듣고, 단어를 묶은 후 성조를 표기하세요.

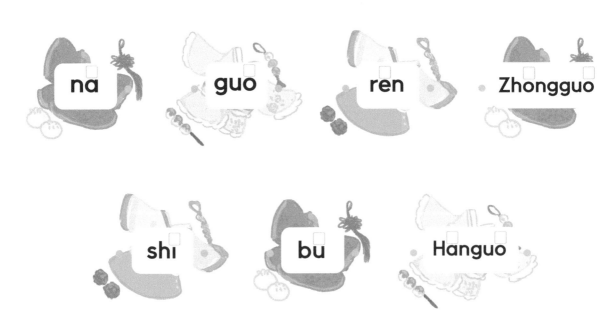

na        guo        ren        Zhongguo

shi        bu        Hanguo

③ 녹음을 듣고, 빈칸에 알맞은 성모를 쓰고 성조를 표시하세요.

**1**

中国
＿ong＿uo

**2**

韩国
＿an＿uo

**3**

谁
＿ei

**4**

哪国人
＿a＿en

④ 아래의 한자 조합에 따라 알 맞은 한자를 골라 연결한 후 맞는 한자를 써주세요.

讠 + 佳 ·          · 哪

卓 + 韦 ·          · 韩

口 + 玉 ·          · 国

口 + 那 ·          · 谁

1.  中＿＿＿＿＿＿

2.  你是＿＿?

3.  哪＿＿ 人?

4.  ＿＿国

# 실력향상

**5** 다음 대화에 맞는 말풍선을 찾아 대화해 보세요.

 你是哪＿＿？ 　　　　我是＿＿人。

 他是谁？ 　　　　他是中国人吗？

 不是。 　　　　他是老师。

**6** 대화 내용에 맞는 내용을 골라 쓰세요.

A 你是哪国人？

B 我不是韩国人。

C 老师是中国人。

1.
A : ＿＿＿＿＿＿＿

B : 我是韩国人。

2.
A : 你是韩国人吗？

B : ＿＿＿＿＿＿＿

3.
A : 老师是韩国人吗？

B : ＿＿＿＿＿＿＿

**7** 녹음을 듣고 단어와 그림이 일치하면 O, 틀리면 X 를 표기하세요.

<예시>

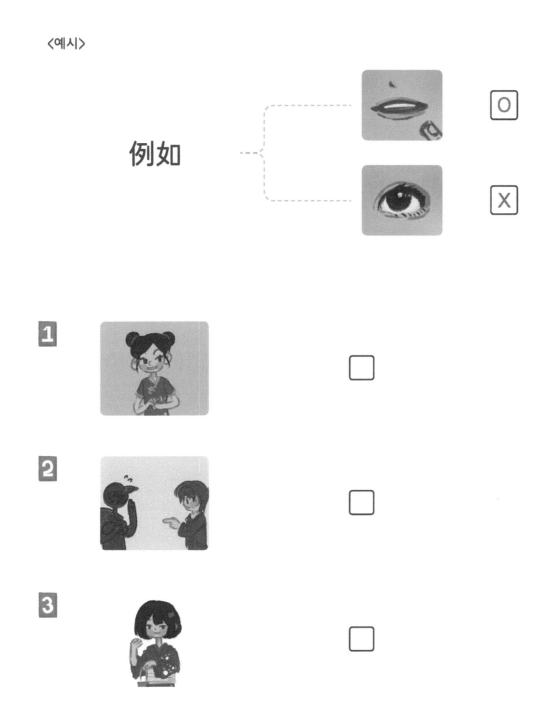

例如

O

X

**1**

☐

**2**

☐

**3**

☐

8 단어와 그림이 일치하면 O, 틀리면 X 를 표기하세요.

〈예시〉

----------- 狗 (gǒu) [X]

----------- 米饭 (mǐfàn) [O]

1 韩国 ( Hánguó ) ☐

2 美国 ( Měiguó ) ☐

3 中国 ( Zhōngguó ) ☐

밑에 있는 문장을 여러번 따라 읽으며 발음을 연습해보세요.

(1) sh + ong =

   shōng    shóng    shǒng    shòng

(2) zh + ong =

   zhōng    zhóng    zhǒng    zhòng

(3) ch + ong =

   chōng    chóng    chǒng    chòng

(4) z + ong =

   zōng    zóng    zǒng    zòng

(5) c + ong =

   cōng    cóng    cǒng    còng

(6) s + ong =

   sōng    sóng    sǒng    sòng

여러 나라에 대해 알아봐요.

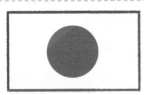

### 日本

Rìběn

[일본]

### 法国

Fǎguó

[프랑스]

### 英国

Yīngguó

[영국]

### 荷兰

Hélán

[네덜란드]

### 德国

Déguó

[독일]

### 巴西

Bāxī

[브라질]

위의 나라를 대입해 해당 문장을 주고 받으며 연습해봐요~

## 你是哪国人? Nǐ shì nǎ guó rén?

중국 국기가 가진 의미를 알아봐요!

## 중국 국기 이름과 가진 의미를 알아봐요!

중국 국기 이름은 "五星红旗"[오성홍기]라고 부릅니다.
오성홍기는 말 그대로 붉은색 배경에 별 다섯개가 있다는 뜻입니다.

### 중국 국기가 가진 의미에 대해

붉은색은 '혁명'을 나타내고 별 다섯개는 붉은 대지로 부터 밝아오는'광명'을 상징합니다. 5개의 별중에 가장 큰 별은 중국 공산당을 상징합니다. 작은 별 네개는 각각 중화인민공화국의 인민인데요. 노동자, 농민, 소자산계급, 민족자산계급을 말합니다.

이모든 의미를 합쳐본다면 중국의 국기인 "五星红旗"[오성홍기]는 중국 공산당을 중심으로 노동자, 농민, 소자산계급, 민족자산계급으로 구성된 모든 중화인민이 단결하자는 의미입니다.

### 추가 단어

五星红旗 Wǔxīng Hóngqí 오성 홍기
革命 gé//mìng 혁명
共产党 gòngchǎndǎng 공산당
中华人民共和国 Zhōnghuá Rénmín Gònghéguó 중화 인민 공화국

# 몇 살이야?

## Nǐ jǐ suì ?
## 你几岁?

# 04

**학습 목표**

자신의 나이를 소개해봐요.
상대의 나이를 물어봐요.

MP3를 이용해 듣고, 말하고 써보세요.

회화1 **你多大？**

你多大？
Nǐ duōdà?

我十二岁，你多大了？
Wǒ shíèr suì,　Nǐ duōdà le?

我十三岁，她多大了？
Wǒ shísan suì,　Tā duōdà le?

我不知道。
Wǒ bù zhīdào.

赵昀，你几岁？
ZhàoYún,　Nǐ jǐ suì?

我十一岁。
Wǒ shíyī suì.

Word 04-1

단어 공부 시간

几 jǐ 몇　　　　　岁 suì 세, 살 [나이를 세는 단위]

几岁 jǐ suì 몇살

MP3를 이용해 여러번 복습해요.

 **老师多大了?**

🧑 老师多大了？
Lǎoshī duōdà le?

👧 你问老师吧。
Nǐ wèn lǎoshī ba.

👩 秘密。
Mìmì.

단어 공부 시간 ‒ ‒ ‒ ‒ ‒ ‒ ‒ ‒ ‒ ‒ ‒ ‒ ‒ ‒ ‒ ‒ ‒ ‒

爸爸  bàba  아빠          妈妈  māmā  엄마

多大  duō dà  (나이가) 얼마인가     问  wèn  묻다, 질문하다

예시 문구를 보기 단어와 조합해 여러 표현을 말해보세요.

예시

A: 你多大？
　 Nǐ duōdà ?

B: 我 _____ 岁。
　 Wǒ _____ . suì.

Word 04-3

보기 단어

九岁
jiǔ suì
(9살)

十岁
shí suì
(10살)

十一岁
shíyī suì
(11살)

단어를 바꿔서 다양한 표현을 말해봐요.

예시

A: 你妈妈多大了？
   Nǐ māma duōdà le ?

B: 我＿＿＿＿＿＿岁了。
   Wǒ ＿＿＿＿＿ . suì le.

Word 04-4

보기 단어

妈妈
māma
(엄마)

爸爸
bàba
(아빠)

他
tā
(그)

한자를 보기와 같이 순서대로 따라 써 보세요.

几
jǐ
몇

岁
suì
세, 살 [나이를 세는 단위.]

问
wèn
묻다, 질문하다

几岁
jǐ suì
몇살

多大
duōdà
(나이가) 얼마인가

한자 순서와 방향에 맞게
단어를 쓰며 익혀요.

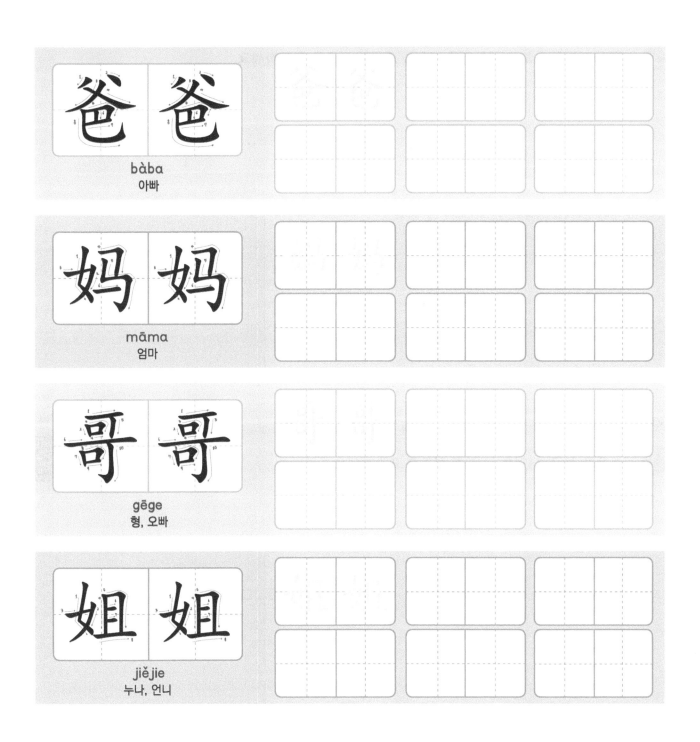

爸爸
bàba
아빠

妈妈
māma
엄마

哥哥
gēge
형, 오빠

姐姐
jiějie
누나, 언니

① 한자 단어들을 보고 네모안에 병음을 조합해 성조를 표기하세요.

j    s    b    m    d

i    ui    a    uo

几        岁        爸爸        妈妈        多大

Track 04-5

② 녹음을 듣고, 단어를 묶은 후 성조를 표기하세요.

sui

duoda

ji

wen

baba

**3** 녹음을 듣고, 빈칸에 알맞은 성모를 쓰고 성조를 표시하세요.

**1**  多大
___uo___a

**2**  妈妈
___a___a

**3**   几岁
___i___ui

**4**  问
___en

**4** 아래의 병음에 맞게 보기의 한자를 넣어 단어를 완성하세요.

爸爸    多大    妈妈    几岁

1.  māma

2.  jǐ suì

3.  bàba

4.  duōdà

⑤ 다음 대화에 맞는 말풍선을 찾아 대화해 보세요.

我9岁。

我哥哥＿＿岁。

你哥哥多大？

你几岁？

我妈妈＿＿＿岁。

你妈妈多大年纪了？

⑥ 대화 내용에 맞는 내용을 골라 쓰세요.

A 你几岁？

B 他8岁。

C 你多大了？

1.
A : ＿＿＿＿＿
B : 我三十岁。

2.
A : 北北几岁？
B : ＿＿＿＿＿

3.
A : ＿＿＿＿＿
B : 我九岁。

7 녹음을 듣고 단어와 그림이 일치하면 O, 틀리면 X 를 표기하세요.

<예시>

例如

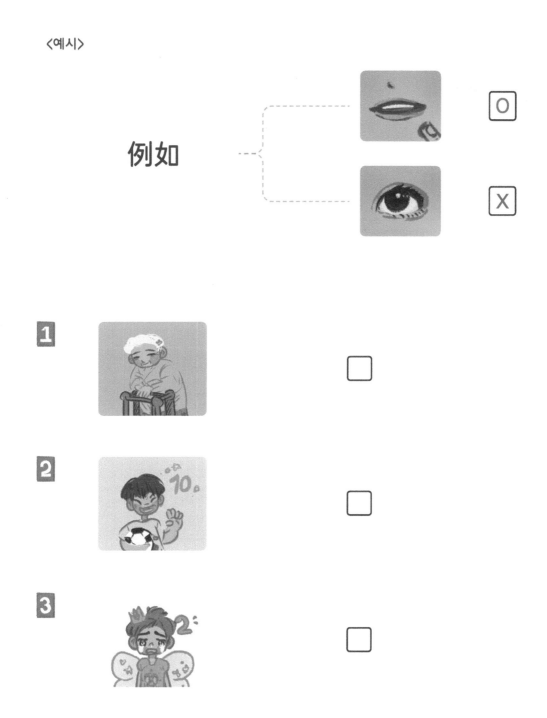

1 □

2 □

3 □

**8** 단어와 그림이 일치하면 O, 틀리면 X 를 표기하세요.

〈예시〉

狗 (gǒu)  X

米饭 (mǐfàn)  O

**1** 我八岁. ( Wǒ bā suì. )  ☐

**2** 我是韩国人.
( Wǒ shì Hánguó rén. )  ☐

**3** 我不认识她.
( Wǒ bú rènshì tā. )  ☐

밑에 있는 문장을 여러번 따라 읽으며 발음을 연습해보세요.

(1) g + uo =

　　guō　guó　guǒ　guò

(2) h + uo =

　　huō　huó　huǒ　huò

(3) k + uo =

　　kuō　kuó　kuǒ　kuò

(4) d + uo =

　　duō　duó　duǒ　duò

(5) s + uo =

　　suō　suó　suǒ　suò

(6) t + uo =

　　tuō　tuó　tuǒ　tuò

중국어 숫자 한 손으로 세어봐요.

| 一 | 二 | 三 | 四 | 五 |
|---|---|---|---|---|
| yī | èr | sān | sì | wǔ |
| [1, 하나] | [2, 둘] | [3, 셋] | [4, 넷] | [5, 다섯] |

| 六 | 七 | 八 | 九 | 十 |
|---|---|---|---|---|
| liù | qī | bā | jiǔ | shí |
| [6, 여섯] | [7, 일곱] | [8, 여덟] | [9, 아홉] | [10, 열] |

돈에 대한 숫자에 대해 알아봐요.

| 百 | 千 | 万 |
|:---:|:---:|:---:|
| bǎi [백] | qiān [천] | wàn [만] |

돈에 대한 숫자에 대해 알아봐요.

一元

五元

十元

二十元

五十元

一百元

# 가족은 몇 명이야?

Nǐ jiā yǒu jǐ kǒu rén ?

你家有几口人?

05

학습 목표

자신의 가족 구성원을 소개해봐요,
상대의 가족이 몇 명인지 물어봐요.

 **你家有几口人？**

你家有几口人？
Nǐ jiā yǒu jǐ kǒu rén?

我家有四口人。
Wǒ jiā yǒu sì kǒu rén.

说一下，你家有谁？
Shuō yíxià,　　Nǐ jiā yǒu shéi?

我家有爸爸，妈妈，
Wǒ jiā yǒu bàba,　　　māma,

弟弟和我。
dìdi hé wǒ.

Bàba Māma

Wǒ

Dìdi

Word 05-1

단어 공부 시간

| | | | | |
|---|---|---|---|---|
| 家 | Jiā | 가정, 집안, 집 | 没有 | méiyǒu 없다 |
| 有 | yǒu | 있다 | 口 | kǒu 양사 (~儿, ~子) 식구. [사람을 셀 때 쓰임] |
| 和 | hé | …와. …과. [명사·대명사·명사화된 동사·형용사 등의 병렬을 나타냄] | | |

MP3를 이용해 여러번 복습해요.

 **你有哥哥吗?**

你有哥哥吗?
Nǐ yǒu gēge ma?

我没有哥哥。
Wǒ méiyǒu gēge.

利映，你也说一下。
LìYìng,　　Nǐ yě shuō yíxià.

我有两个哥哥和一个姐姐。
Wǒ yǒu liǎngge gēge hē yígè jiějie.

请你们回答，利映家有几口人?
Qǐng nǐmen huídá,　　LìYìng jiā yǒu jǐ kǒu rén?

Word 05-2

**단어 공부 시간**

| | | | | | |
|---|---|---|---|---|---|
| 弟弟 | dìdi | 남동생 | 妹妹 | mèimei | 여동생 |
| 哥哥 | gēge | 형, 오빠 | 姐姐 | jiějie | 누나, 언니 |
| 爷爷 | yéye | 할아버지 | 奶奶 | nǎinai | 할머니 |

말하기

MP3를 이용해 따라 말해보세요.

예시 문구를 보기 단어와 조합해 여러 표현을 말해보세요.

你家有几口人？
Nǐ jiā yǒu jǐ kǒu rén ?

都有什么人？
Dōu yǒu shénme rén ?

我家有五口人，
Wǒ jiā yǒu wǔkǒu rén,

爸爸妈妈，哥哥，
bàba mā ma, gēge,

妹妹和我。
mèimei hé wǒ.

예시

A: 他（她）家有几口人？ 都有什么人？
　　Tā (tā) jiā yǒu jǐ kǒu rén? dōu yǒu shénme rén ?

B: 他（她）家有 ＿＿＿＿ 和我。
　　Tā (tā) jiā yǒu ＿＿＿＿ hé wǒ.

보기 단어

三口人
sān kǒu rén
(3식구)

四口人
sì kǒu rén
(4식구)

五口人
wǔ kǒu rén
(5식구)

단어를 바꿔서 다양한 표현을 말해봐요.

예시

A: 你有_____吗？
   Nǐ yǒu _____ ma ?

B: 我有/没有_____。
   Wǒ yǒu /méi yǒu _____ .

보기 단어

**姐姐**
jiějie
(누나, 언니)

**哥哥**
gēge
(형, 오빠)

**弟弟**
dìdi
(남동생)

한자를 보기와 같이 순서대로 따라 써 보세요.

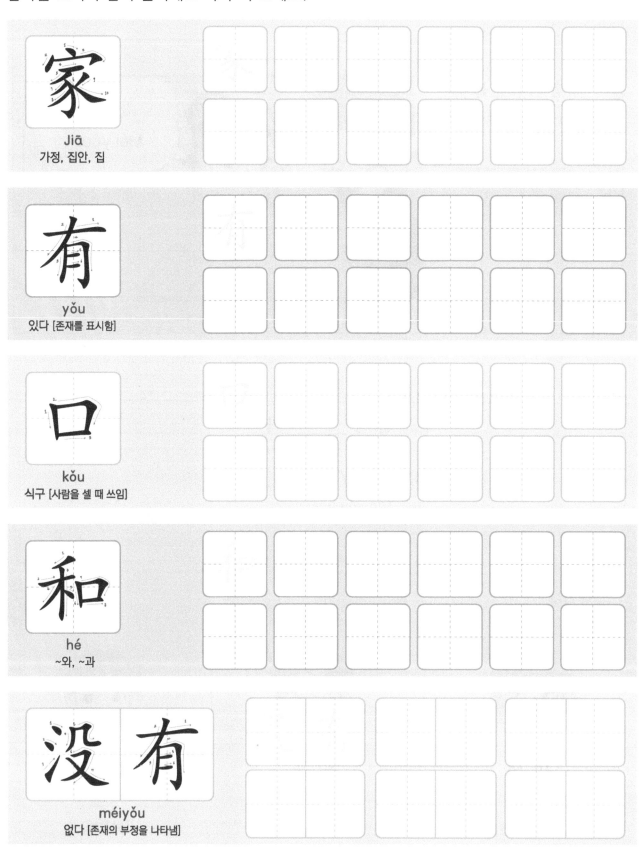

家
Jiā
가정, 집안, 집

有
yǒu
있다 [존재를 표시함]

口
kǒu
식구 [사람을 셀 때 쓰임]

和
hé
~와, ~과

没有
méiyǒu
없다 [존재의 부정을 나타냄]

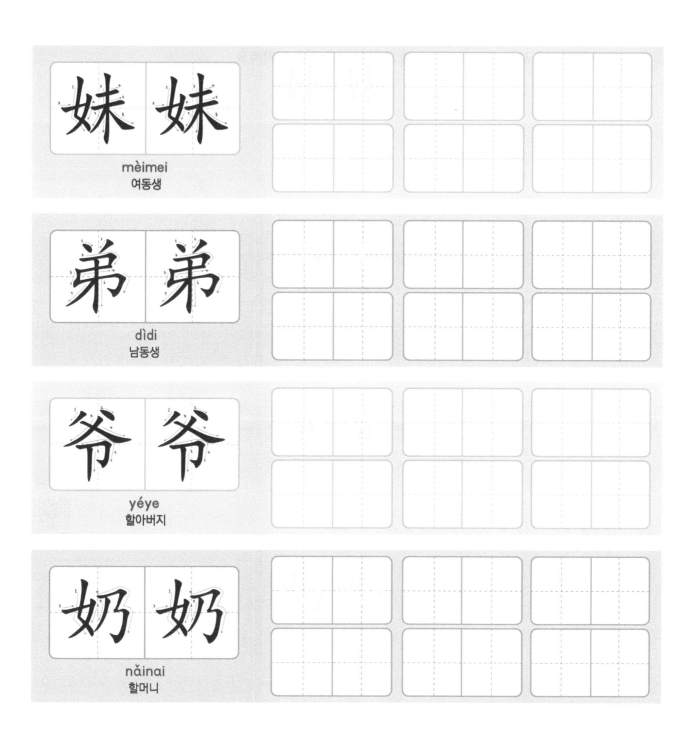

妹妹
mèimei
여동생

弟弟
dìdi
남동생

爷爷
yéye
할아버지

奶奶
nǎinai
할머니

① 한자 단어들을 보고 네모안에 병음을 조합해 성조를 표기하세요.

j   y   m   k   d   g   h

ia   ou   ei   i   e

家        有        没有

口        弟弟        哥哥        和

Track 05-5

② 녹음을 듣고, 단어를 묶은 후 성조를 표기하세요.

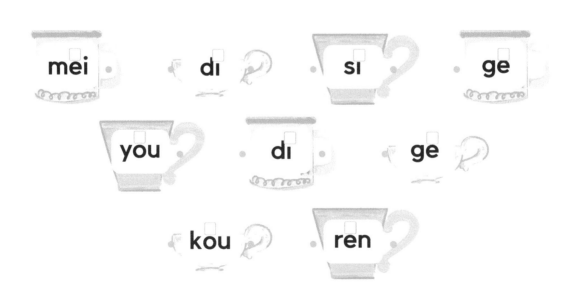

mei      di      si      ge

you      di      ge

kou      ren

③ 녹음을 듣고, 빈칸에 알맞은 성모를 쓰고 성조를 표시하세요.

**1** 　没有
mei_____

**2** 　五口人
wu _____ ren

**3** 　姐姐
j_____jie

**4** 　我没有哥哥。
Wo_____gege.

④ 아래의 한자를 보고 알 맞은 한자와 연결해주세요.

 ·

 ·

 ·

 ·

·

·

·

·

⑤ 다음 대화에 맞는 말풍선을 찾아 대화해 보세요.

 你家有几口人？    我家有—口人。

 你家有谁？    我家有_____。

你有哥哥(姐姐, 妹妹, 弟弟)吗？    我家有(没有)_____。

⑥ 대화 내용에 맞는 내용을 골라 쓰세요.

A 你家有几口人？

B 我家有爸爸, 妈妈, 姐姐和我。

C 我家没有中国人。

1.
A : 你家有谁？

B : _____

2.
A : 你家有中国人吗？

B : _____

3.
A : _____?

B : 我家有三口人。

**7** 녹음을 듣고 단어와 그림이 일치하면 O, 틀리면 X 를 표기하세요.

〈예시〉

例如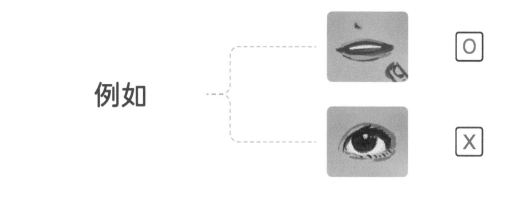

**1**

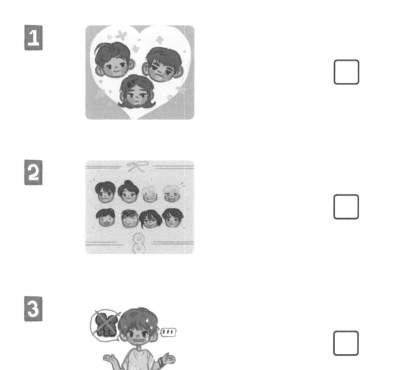

**2**

**3**

8 단어와 그림이 일치하면 O, 틀리면 X 를 표기하세요.

〈예시〉

- - - - - - - - - - 狗 (gǒu) ☒

- - - - - - - - - - 米饭 (mǐfàn) ☐O

1 我家有四口人.
( Wǒ jiā yǒu sì kǒu rén. ) ☐

2 他家有三口人.
( Tā jiā yǒu sān kǒu rén. ) ☐

3 没有人.
( Méi yǒu rén. ) ☐

밑에 있는 문장을 여러번 따라 읽으며 발음을 연습해보세요.

**(1)** x + ia =

xiā  xiá  xiǎ  xià  xia

**(2)** j + ia =

jiā  jiá  jiǎ  jià  jia

**(3)** q + ia =

qiā  qiá  qiǎ  qià  qia

**(4)** m + ie =

miē  mié  miě  miè  mie

**(5)** j + ie =

jiē  jié  jiě  jiè  jie

**(6)** t + ie =

tiē  tié  tiě  tiè  tie

동요를 따라 불러보세요!

鲨鱼宝宝 大海里 可爱的 鲨鱼宝宝
shāyú bǎobao dàhǎi li kě'ài de shāyú bǎobao
아기상어 바닷 속 귀여운 아기 상어

鲨鱼妈妈 大海里 漂亮的 鲨鱼妈妈
shā yú māma dàhǎi li piàoliang de shāyú māma
엄마 상어 바닷 속 어여쁜 엄마 상어

鲨鱼爸爸 大海里 力气大 鲨鱼爸爸
shā yú bàba dàhǎi li lìqi dà shāyú bàba
아빠 상어 바닷 속 힘이 센 아빠 상어

鲨鱼奶奶 大海里 慈祥的 鲨鱼奶奶
shāyú nǎinai dàhǎi li cíxiáng de shāyú nǎinai
할머니 상어 바닷 속 자상한 할머니 상어

鲨鱼爷爷 大海里 了不起 鲨鱼爷爷
shāyú yéye dàhǎi li liǎobùqǐ shāyú yéye
할아버지 상어 바닷 속 멋있는 할아버지 상어

我们是 大海里 可怕的 鲨鱼一家子

wǒmen shì dàhǎi li kěpà de shāyú yìjiāzi

우리는 바다의 무서운 상어 가족

鲨鱼呀 快跑啊 快跑啊

shāyú ya kuài pǎo à kuài pǎo ò

상어다 빨리 가자 빨리 가자

藏起来 没事了 没事了

cángqǐlái méishì le méishì le

숨자! 살았다 살았다

今天也 活下来了

jīn tiān yě huó xià lái le

오늘도 살아남았다

真开心 真开心 跳起舞

zhēn kāixīn zhēn kāixīn tiào qǐ wǔ

신난다 신난다 춤추자

歌就到这儿

gē jiù dào zhèr

노래는 여기까지!

# 너의 눈은 크다.

Nǐ de yǎnjing hěn dà.
## 你的眼睛很大。

# 06

MP3를 이용해 듣고, 말하고 써보세요.

## 회화1  你们看

你们看，他的个子真高, 眼睛真大。
Nǐmen kàn,    Tā de gèzi zhēn gāo,    yǎnjīng zhēn dà.

我的个子也不矮，我的眼睛也很大。
Wǒ de gèzi yě bù ǎi,    Wǒ de yǎnjīng yě hěn dà.

利映，你的头发真长。
LìYìng,    Nǐde tóufà zhēn cháng.

是的，我喜欢长头发。
Shìde,    Wǒ xǐhuān cháng tóufà.

Word 06-1

### 단어 공부 시간

| 头发 | tóufà | 머리카락 | 鼻子 | bízi | 코 |
|------|-------|----------|------|------|-----|
| 耳朵 | ěrduo | 귀 | 手 | shǒu | 손 |
| 眼睛 | yǎnjīng | 눈 | 个子 | gèzi | 체격, 키 |

MP3를 이용해 여러번 복습해요.

**회화2    弟弟的眼睛很大**

我弟弟的眼睛很大，手很小，个子不高。
Wǒ dìdi de yǎnjīng hěn dà,    Shǒu hěn xiǎo, Gèzi bù gāo.

我姐姐的头发很长，个子很高，
Wǒ jiějie de tóufà hěn cháng,    Gèzi hěn gāo,

眼睛很小。
Yǎnjīng hěn xiǎo.

我的个子很高，眼睛很大，
Wǒ de gèzi hěn gāo,    Yǎnjīng hěn dà,

鼻子很小，耳朵也很小。
Bízi hěn xiǎo,    ěrduo yě hěn xiǎo.

Word 06-2

**단어 공부 시간**

| 高 | gāo | 높다 | 长 | cháng | 길다 |
|---|---|---|---|---|---|
| 大 | dà | 크다, 많다 | 小 | xiǎo | 작다, 적다 |
| 矮 | ǎi | 작다, 낮다 | | | |

예시 문구를 보기 단어와 조합해 여러 표현을 말해보세요.

她的眼睛很大，
tā de yǎnjīng hěn dà,

头发很长，很漂亮。
tóufa hěn cháng, hěn piàoliang.

예시

_____的眼睛_____，头发_____，很/不_____。

_____ de yǎnjīng_____, tóufa_____, hěn / bù_____.

Word 06-3

보기 단어

我
wǒ
(나)

你
nǐ
(너)

老师
lǎoshī
(선생님)

단어를 바꿔서 다양한 표현을 말해봐요.

我的眼睛很大，
wǒ de yǎnjīng hěn dà,
鼻子很小，
bízi hěn xiǎo,
耳朵也很小。
ěrduo yě hěn xiǎo.

예시

我的 ＿＿＿＿，＿＿＿＿，＿＿＿＿。

wǒ de ＿＿＿＿, ＿＿＿＿, ＿＿＿＿ .

Word 06-4

보기 단어

眼睛
yǎnjīng
(눈)

鼻子
bízi
(코)

嘴巴
zuǐbā
(입)

한자를 보기와 같이 순서대로 따라 써 보세요.

高
gāo
높다

矮
ǎi
작다, 낮다

大
dà
크다, 많다

小
xiǎo
작다, 적다

长
cháng
길다

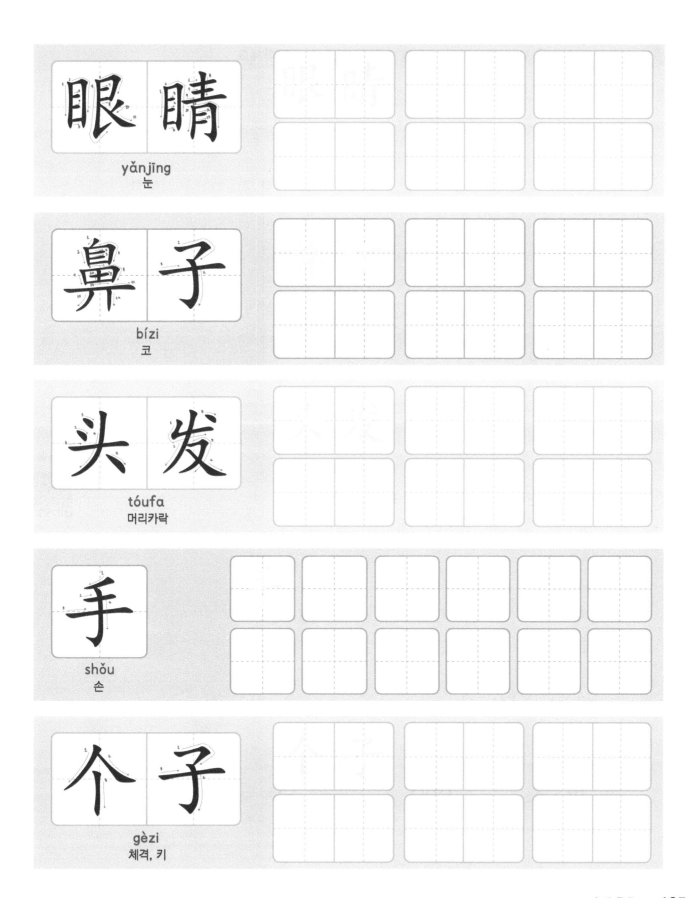

眼睛
yǎnjīng
눈

鼻子
bízi
코

头发
tóufa
머리카락

手
shǒu
손

个子
gèzi
체격, 키

한자 순서와 방향에 맞게
단어를 쓰며 익혀요.

① 한자 단어들을 보고 네모안에 병음을 조합해 성조를 표기하세요.

g   d   ch   zh   t   z   f   y   j

e   en   i   ang   a   ing   ao   ou   an

高          长          大

真          头发          眼睛          个子

Track 06-5

② 녹음을 듣고, 단어를 묶은 후 성조를 표기하세요.

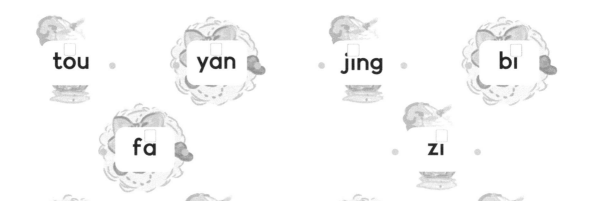

tou          yan          jing          bi

fa

zi

er          duo          ge          zi

**3** 녹음을 듣고, 빈칸에 알맞은 성모를 쓰고 성조를 표시하세요.

**1**
长头发
＿＿toufa

**2**
眼睛很大
yan＿＿hen da

**3**
鼻子很小
bi＿＿hen

**4**
漂亮
pi＿li＿＿

**4** 아래의 병음에 맞게 보기의 한자를 넣어 단어를 완성하세요.

个子　　高　　眼睛　　大　　头发　　长

1. | gè | zi | gāo |
   | --- | --- | --- |
   |  |  |  |

2. | yǎn | jīng | dà |
   | --- | --- | --- |
   |  |  |  |

3. | tóu | fà | cháng |
   | --- | --- | --- |
   |  |  |  |

⑤ 다음 대화에 맞는 말풍선을 찾아 대화해 보세요.

 你个子真高！   我妈妈眼睛不大。

 你爸爸头发长吗？   谢谢。

 你妈妈眼睛大吗？   我爸爸头发短。

⑥ 대화 내용에 맞는 내용을 골라 쓰세요.

**A** 我头发不长。

**B** 你高吗？

**C** 你眼睛大吗？

1.
A : ＿＿＿＿＿＿
B : 我眼睛很大。

2.
A : ＿＿＿＿＿＿
B : 我个子很高。

3.
A : 你头发长吗？
B : ＿＿＿＿＿＿

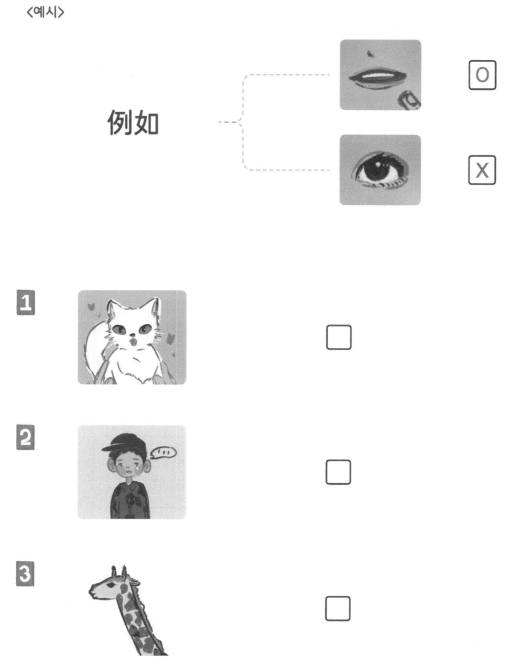

7 녹음을 듣고 단어와 그림이 일치하면 O, 틀리면 X 를 표기하세요.

〈예시〉

例如

1

2

3

**8** 단어와 그림이 일치하면 O, 틀리면 X 를 표기하세요.

<예시>

---------------- 　狗 (gǒu) 　　　X

---------------- 　米饭 (mǐfàn) 　　O

**1**
我眼睛不大.
( Wǒ yǎnjīng bú dà. ) 　☐

**2**
她头发不长.
( Tā tóufa bù cháng. ) 　☐

**3**
我个子很高.
( Wǒ gèzi hěn gāo. ) 　☐

밑에 있는 문장을 여러번 따라 읽으며 발음을 연습해보세요.

(1) g + ui =

guī　guí　guǐ　guì

(2) h + ui =

huī　huí　huǐ　huì

(3) k + ui =

kuī　kuí　kuǐ　kuì

(4) d + ui =

duī　duí　duǐ　duì

(5) s + ui =

suī　suí　suǐ　suì

(6) t + ui =

tuī　tuí　tuǐ　tuì

신체 부위를 중국어로 알아봐요.

头发 [tóufa]
머리카락

耳朵 [ěrduo]
귀

脸 [liǎn]
얼굴

肩膀 [jiānbǎng]
어깨

胳膊 [gēbo]
팔

手 [shǒu]
손

肚子 [dùzi]
배

腿 [tuǐ]
다리

膝盖 [xīgài]
무릎

脚 [jiǎo]
발

얼굴 특징에 맞게 그려주세요!

 嘴小          嘴大          鼻子小          鼻子大

小眼睛          大眼睛          小耳朵          大耳朵

头发短          头发长          可爱          美丽

# 이것은 새야.

Zhèshì niǎo.

这是鸟。

# 07

학습 목표

동물의 호칭을 알아봐요.
이것은 누구의 애완 동물인가요? 묻고 답해요.

 **这是什么?**

你们看，这是什么动物？
Nǐmén kàn, zhèshì shénme dòngwù?

这是小狗。
Zhèshì xiǎo gǒu.

这是谁的小狗？
Zhèshì shéide xiǎo gǒu?

这是我的小狗。汪----
Zhèshì wǒde xiǎo gǒu. Wàng ----

Word 07-1

단어 공부 시간

| | | | |
|---|---|---|---|
| 这 | zhè 이, 이것 | 那 | nà 저, 저것 |
| 什么 | shén me 무엇 | 小狗 | xiǎo gǒu 강아지, 개 |

**那是谁的?**

你们听，那是什么动物？
Nǐmén tīng,　　Nàshì shénme dòngwù?

那是小猫。
Nàshì xiǎo māo.

那是谁的小猫？
Nàshì shéi de xiǎo māo?

那是利映的小猫。喵----
Nàshì　Lìyìng de xiǎo māo.　　Miāo -----

Word 07-2

**단어 공부 시간**

| 小猫 | xiǎo māo | 고양이 | 小鱼 | xiǎo yú | 물고기 |
|---|---|---|---|---|---|
| 小鸟 | xiǎo niǎo | 새 | 谁 | shéi | 누구, 누가 |
| 很多 | hěn duō | 많다, 많은 | | | |

MP3를 이용해 따라 말해보세요.

예시 문구를 보기 단어와 조합해 여러 표현을 말해보세요.

这是小狗。
zhèshì xiǎo gǒu.

예시

这是 ＿＿＿＿。
zhèshì ＿＿＿＿.

보기 단어

小猫
xiǎo māo
(고양이)

仓鼠
cāngshǔ
(햄스터)

鹦鹉
yīngwǔ
(앵무새)

단어를 바꿔서 다양한 표현을 말해봐요.

那儿有很多小鸡。
nàr yǒu hěn duō xiǎo jī.

예시

## 那儿有很多＿＿＿。
nàr yǒu hěn duō ＿＿＿＿ .

Word 07-4

보기 단어

### 兔子
tùzi
(토끼)

### 青蛙
qīngwā
(개구리)

### 鱼
yú
(물고기)

한자를 보기와 같이 순서대로 따라 써 보세요.

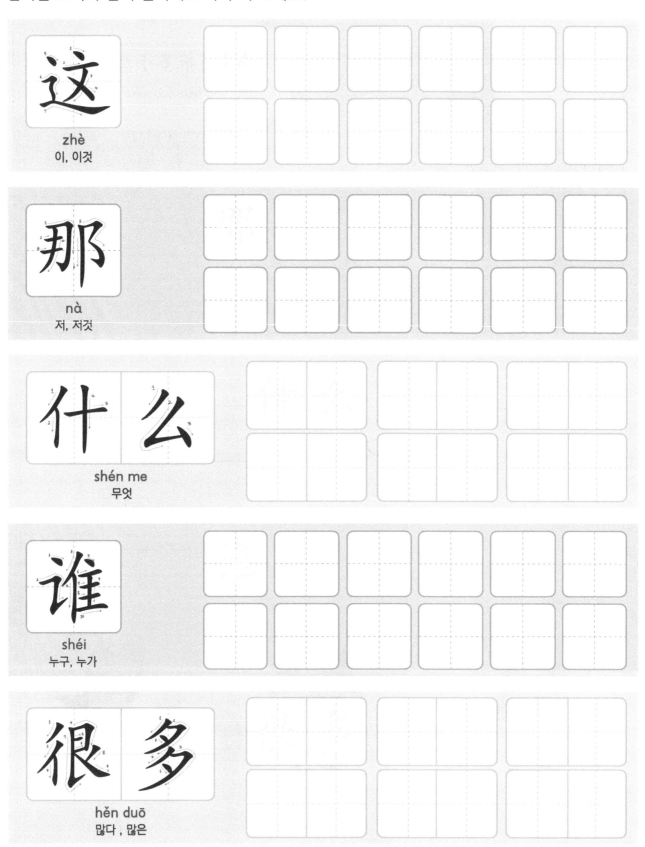

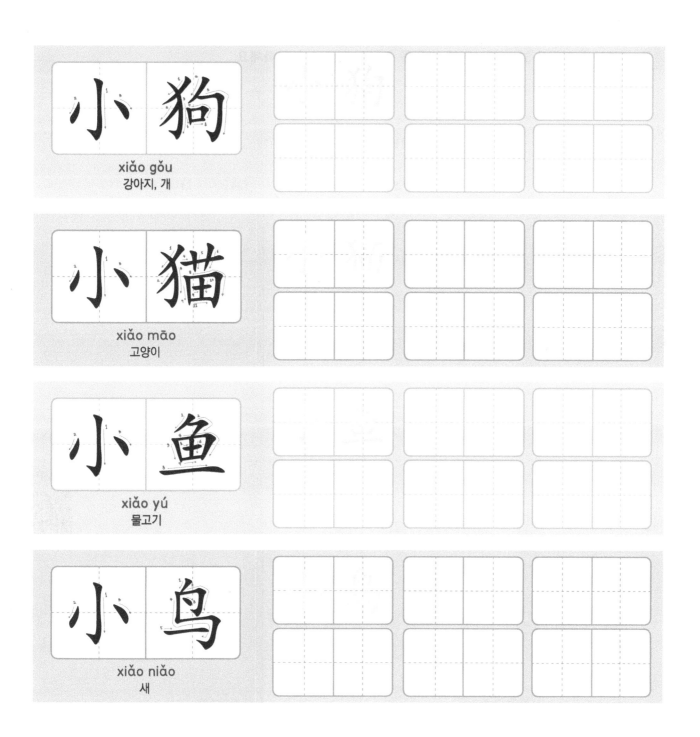

小狗
xiǎo gǒu
강아지, 개

小猫
xiǎo māo
고양이

小鱼
xiǎo yú
물고기

小鸟
xiǎo niǎo
새

① 한자 단어들을 보고 네모안에 병음을 조합해 성조를 표기하세요.

h    sh    d    n    y    g    m    x    zh

en    uo    ei    iao    ao    e    ou    u    a

很多        谁        小鸟        小鱼

小狗        小猫        什么        那        这

Track 07-5

② 녹음을 듣고, 단어를 묶은 후 성조를 표기하세요.

me        xiao        gou        hen

shen                    xiao

xiao        niao        mao        duo

③ 녹음을 듣고, 빈칸에 알맞은 성모를 쓰고 성조를 표시하세요.

**1**  小鱼
____ yu

**2**  这是小狗。
zhe___xiao___.

**3**  这是仓鼠。
zheshi ____ .

**4**  很多小鸡
hen ___xiao ji

④ 아래의 병음에 맞게 보기의 한자를 넣어 단어를 완성하세요.

小　鱼　鸟　猫　狗

1.

2.

3.

4.

**5** 다음 대화에 맞는 말풍선을 찾아 대화해 보세요.

 这 是 谁 的
小 狗 ？

我 ＿ 小 猫 在 ＿＿＿＿ 。

 你 的 小 狗 在
哪 儿 ？

我 ＿＿＿ 小 狗 。

 你 的 小 猫 在
哪 儿 ？

我 的 小 狗 ＿＿＿＿ 。

**6** 대화 내용에 맞는 내용을 골라 쓰세요.

A 你有小狗吗？

B 我喜欢小鱼。

C 这是谁的小鸟？

1. A : ＿＿＿＿＿＿＿＿
   B : 这是我的小鸟。

2. A : 你喜欢小鱼吗？
   B : ＿＿＿＿＿＿＿＿

3. A : ＿＿＿＿＿＿＿＿
   B : 我有小狗。

⑦ 녹음을 듣고 단어와 그림이 일치하면 O, 틀리면 X 를 표기하세요.

〈예시〉

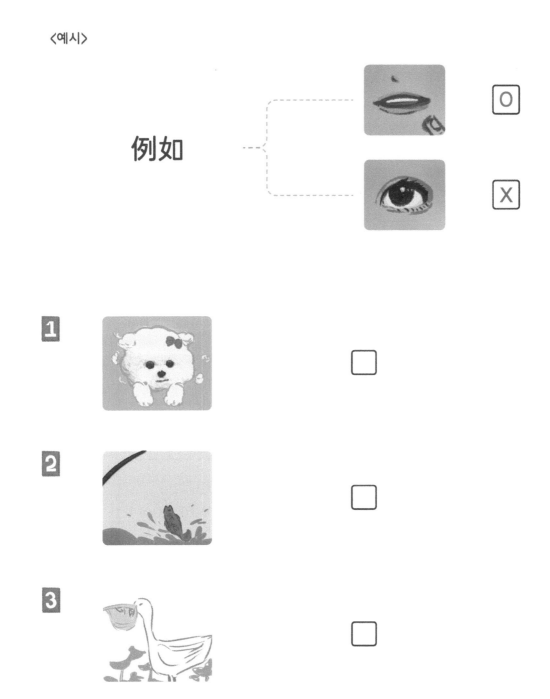

8 단어와 그림이 일치하면 O, 틀리면 X 를 표기하세요.

〈예시〉

狗 (gǒu)  ☒

米饭 (mǐfàn)  O

1

这是小鱼.
( Zhèshì xiǎo yú. )  ☐

2

那不是小鸟.
( Nà bú shì xiǎo niǎo. )  ☐

3

这是小猫.
( Zhèshì xiǎo māo. )  ☐

밑에 있는 문장을 여러번 따라 읽으며 발음을 연습해보세요.

(1) m + ao =

māo   máo   mǎo   mào

(2) g + ou =

gōu   góu   gǒu   gòu

(3) n + iao =

niāo   niáo   niǎo   niào

(4) x + iao =

xiāo   xiáo   xiǎo   xiào

다음 문장을 해석해 해당 농장 우리에 동물을 넣어주세요.

我们动物农场有 1只狗、3只羊、2只牛、1只鸡、1只猪、5只兔子。

这是鸟?

위 그림을 보고 틀린그림을 찾아주세요.

# 너는 뭐 먹는거 좋아해?

## Nǐ xǐhuān chī shénme ?

## 你喜欢吃什么?

# 08

**학습 목표**

자신이 좋아하는 음식을 말해봐요.

자신이 싫어하는 음식을 말해봐요.

상대가 좋아하는 음식과 싫어하는 음식을 물어봐요.

## 회화1 你喜欢吃什么?

选一选，你喜欢吃什么？
Xuǎn yì xuǎn, Nǐ xǐhuan chī shénme?

我喜欢吃面条。
Wǒ xǐhuan chī miàntiáo.

你喜欢吃米饭吗？
Nǐ xǐhuan chī mǐfàn ma?

我不喜欢吃米饭。
Wǒ bù xǐhuan chī mǐfàn.

利映，你喜欢吃什么？
Lìyìng, Nǐ xǐhuan chī shénme?

我喜欢吃苹果。
Wǒ xǐhuan chī píngguǒ.

Word 08-1

단어 공부 시간

| 喜欢 | xǐhuan | 좋아하다 | 吃 | chī | 먹다 |
| 米饭 | mǐfàn | 쌀밥 | 面条 | miàntiáo | 국수 |
| 苹果 | píngguǒ | 사과 | | | |

**你喜欢喝什么?**

你们喜欢喝什么?
Nǐmen xǐhuan hē shénme?

我喜欢喝牛奶。
Wǒ xǐhuan hē niúnǎi.

我喜欢喝水。
Wǒ xǐhuan hē shuǐ.

我喜欢喝可乐。
Wǒ xǐhuan hē kělè.

老师您爱喝牛奶吗?
Lǎoshī nín ài hē niúnǎi ma?

我爱喝牛奶, 也爱喝水。
Wǒ ài hē niúnǎi,　　　yě ài hē shuǐ.

Word 08-2

**단어 공부 시간**

喝　hē　마시다　　　　　　水　shuǐ　물

牛奶　niúnǎi　우유

예시 문구를 보기 단어와 조합해 여러 표현을 말해보세요.

你喜欢吃
Nǐ xǐhuan chī

糖葫芦吗？
tánghúlú ma ?

我喜欢吃糖葫芦。
Wǒ xǐhuan chī tánghúlú.

예시

A: 你喜欢吃 _____ 吗？
　　Nǐ xǐhuan chī _____ ma ?

B: 我喜欢/不喜欢吃 _____ 。
　　Wǒ xǐhuan /bù xǐhuān chī _____ .

보기 단어

肉
ròu
(고기)

蔬菜
shūcài
(채소)

水果
shuǐguǒ
(과일)

단어를 바꿔서 다양한 표현을 말해봐요.

예시

A: 你喜欢喝 _____ 吗？
Nǐ xǐhuan hē ———— ma ?

B: 我喜欢/不喜欢。
Wǒ xǐhuan / bù xǐhuan.

Word 08-4

보기 단어

牛奶
niúnǎi
(우유)

橙汁儿
chéngzhīr
(오렌지 주스)

可乐
kělè
(콜라)

한자를 보기와 같이 순서대로 따라 써 보세요.

喜欢
Xǐhuan
좋아하다

吃
chī
먹다

喝
hē
마시다

米饭
mǐfàn
쌀밥

面条
miàntiáo
국수

苹果
**píngguǒ**
사과

牛奶
**niúnǎi**
우유

水
**shuǐ**
물

可乐
**kělè**
콜라

橙汁儿
**chéngzhīr**
오렌지 주스

실력향상

① 한자 단어들을 보고 네모안에 병음을 조합해 성조를 표기하세요.

n  ch  p  g  t  x  h  m  sh  f

iu  ai  i  ing  an  uan  ian  ui  uo  iao  e

吃　　　苹果　　　面条　　　喝

米饭　　　喜欢　　　水　　　牛奶

Track 08-5

② 녹음을 듣고, 단어를 묶은 후 성조를 표기하세요.

chi　　fan　　ping

xi　　mi　　guo

huan　　mian　　tiao

③ 녹음을 듣고, 빈칸에 알맞은 성모를 쓰고 성조를 표시하세요.

**1**
不喜欢
bu＿＿huan

**2**
吃水果
chi＿＿guo

**3**
喝橙汁儿
he＿＿＿＿＿

**4**
喝可乐
he＿＿＿＿＿

④ 아래의 병음에 맞게 보기의 한자를 넣어 단어를 완성하세요.

面　喝　条　米
牛　饭　吃　奶　可　乐

1.　chī　mǐ　fàn

2.　chī　miàn　tiáo

3.　hē　niú　nǎi

4.　hē　kě　lè

**5** 다음 대화에 맞는 말풍선을 찾아 대화해 보세요.

 你喜欢喝什么？

我喜欢喝___。

 你爸爸不喜欢吃什么？

我爸爸不喜欢吃___。

 你妈妈喜欢吃什么？

我妈妈喜欢吃___。

**6** 대화 내용에 맞는 내용을 골라 쓰세요.

A 小猫喜欢吃什么？

B 我喜欢吃汉堡包。

C 爸爸爱吃米饭。

1. A : 爸爸爱吃什么？

B : _____

2. A : _____

B : 小猫喜欢吃鱼。

3. A : 你喜欢吃汉堡吗？

B : _____

7 녹음을 듣고 단어와 그림이 일치하면 O, 틀리면 X 를 표기하세요.

〈예시〉

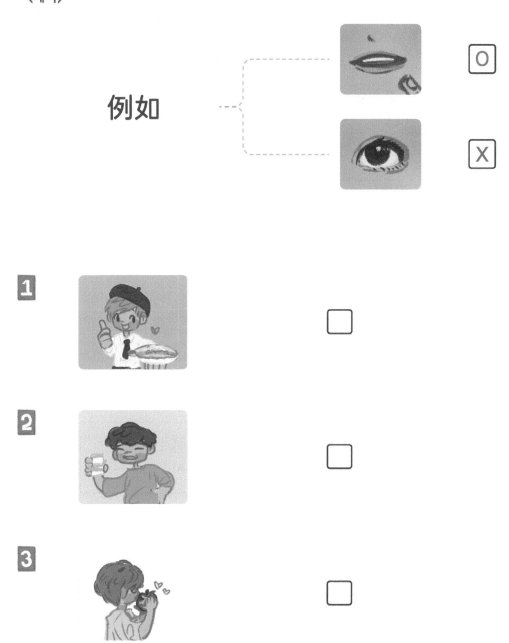

例如 ----- O

X

1

☐

2

☐

3

☐

**8** 단어와 그림이 일치하면 O, 틀리면 X 를 표기하세요.

&lt;예시&gt;

---------- 狗 (gǒu)  ⬜ X

---------- 米饭 (mǐfàn)  ⬜ O

**1**

我喜欢吃米饭.
( Wǒ xǐhuan chī mǐfàn. )  ⬜

**2**

妈妈不喜欢喝牛奶.
( Māma bù xǐhuan he niúnǎi. )  ⬜

**3**

小鸟吃苹果.
( Xiǎo niǎo chī píngguǒ. )  ⬜

밑에 있는 문장을 여러번 따라 읽으며 발음을 연습해보세요.

(1) m + ian =

miān   mián   miǎn   miàn

(2) t + iao =

tiāo   tiáo   tiǎo   tiào

(3) h + uan =

huān   huán   huǎn   huàn

(4) g + uo =

guō   guó   guǒ   guò

(5) sh + ui =

shuī   shuí   shuǐ   shuì

(6) n + iu =

niū   niú   niǔ   niù

여러 과일과 음료를 중국어로 알아봐요.

**香蕉**
xiāngjiāo
바나나

**葡萄**
pútáo
포도

**橘子**
júzi
귤

**西瓜**
xīguā
수박

**柚子**
yòuzi
유자

**橙汁儿**
chéngzhīer
오렌지 주스

**可乐**
kělè
콜라

**绿茶**
lǜchá
녹차

**咖啡**
kāfēi
커피

**葡萄汁**
pútáozhī
포도 주스

## 중국 4대 미식도시에 대해 알아봐요!

### 1. 시안 西安 (Xī'ān), 밀가루 음식

시안에는 다양한 밀가루 음식들이 있는데요! 이곳에 오는 밀가루 애호가들은 밀가루 음식들을 맛본 뒤 밀가루 천국에 와 있는것과 같다고들 이야기합니다. 러우자모(肉夹馍), 쿠따이면(裤带面)등 모든 밀가루 음식들이 시안에 있습니다.

### 2. 충칭 重庆 (Chóngqìng), 매운 음식

충칭은 매운맛의 수도로도 알려져 있습니다. 유명한 장후차이(江湖菜 강호요리)와 소면(小面 샤오몐) 외에도 맵고 얼큰한 충칭 훠궈는 세계적으로 유명하죠! 충칭에서는 매일 훠궈를 먹어도 질리지 않다고하니 꼭 가봐야겠네요!

### 3. 청두 成都 (Chéngdū), 사천요리

대표 중국관광지 청두! 가장 전통적이며 맛있는 사천요리를 드시고 싶다면 청두를 추천드립니다. 청두는 수많은 고전 사천요리가 탄생한 곳인 만큼 관착항자(宽窄巷子)에서 아무 식당에 들어가도 전통 사천의 맛을 느낄 수 있습니다.

### 4. 북경 北京 (Běijīng), 중국 황실의 요리

중국 수도 북경(베이징)! 중국에 방문한 관광객들이 필수로 방문하는 중국관광지입니다. 북경은 중국의 수도로서 전 세계의 임식 요소를 모아 놓은 곳입니다.

이 외에도 광저우广州(Guǎngzhōu), 톈진天津(Tiānjīn), 상하이上海(Shànghǎi), 포산佛山(Fóshān), 항저우杭州(Hángzhōu), 난징南京(Nánjīng) 등 다양한 미식 도시가 있습니다.

# 너는 어디가?

Nǐ qù nǎr ?

你去哪儿?

# 09

가는 장소를 상대에게 설명해봐요.
상대가 가는 장소를 물어봐요.

MP3를 이용해 듣고, 말하고 써보세요.

회화1 **你去哪儿？**

你去哪儿？
Nǐ qù nǎr?

我去学校。
Wǒ qù xuéxiào.

她去哪儿？
Tā qù nǎr?

她回家做作业。
Tā huíjiā zuò zuòyè.

Word 09-1

去　qù　가다　　　　哪儿　nǎr　어디, 어느 곳

学校　xuéxiào　학교

MP3를 이용해 여러번 복습해요.

  **你在哪儿?**

你在哪儿？
Nǐ zài nǎr?

我在学校上课。
Wǒ zài xuéxiào shàngkè.

你妈妈在哪儿？
Nǐ Māma zài nǎr?

她在商店买东西。
Tā zài shāngdiàn mǎi dōngxi.

Word 09-2

 단어 공부 시간

| 商店 | shāngdiàn | 상점 | 回家 | huí jiā | 집에 돌아가다 |
|---|---|---|---|---|---|
| 在 | zài | ~에 있다 | | | |

말하기

MP3를 이용해 따라 말해보세요.

예시 문구를 보기 단어와 조합해 여러 표현을 말해보세요.

你去哪儿？
Nǐ qù nǎr ?

我去朋友家。
Wǒ qù péngyou jiā.

예시

A: 你去哪儿？
Nǐ qù nǎr ?

B: 我去_____。
Wǒ qù _____ .

보기 단어

咖啡厅
Kāfēi tīng
(커피숍)

超市
chāoshì
(슈퍼마켓)

公园
gōngyuán
(공원)

단어를 바꿔서 다양한 표현을 말해봐요.

예시

A: 你去 _____ 吗？
　　Nǐ qù _____ ma ?

B: 我不去 _____ 。
　　Wǒ bú qù _____ .

보기 단어

医院
yīyuàn
(병원)

书店
shūdiàn
(서점)

银行
yínháng
(은행)

한자를 보기와 같이 순서대로 따라 써 보세요.

去
qù
가다

哪儿
nǎr
어디, 어느 곳

在
zài
~에 있다

回家
huí jiā
집에 돌아가다

学校
xuéxiào
학교

한자 순서와 방향에 맞게
단어를 쓰며 익혀요.

商店
shāngdiàn
상점

公园
gōngyuán
공원

医院
yīyuàn
병원

书店
shūdiàn
서점

银行
yínháng
은행

① 한자 단어들을 보고 네모안에 병음을 조합해 성조를 표기하세요.

z  h  j  sh  d  n  q  x

ai  ui  ia  ang  ian  ar  u  üe  iao

在          回家          商店

哪          去            学校

Track 09-5

② 녹음을 듣고, 단어를 묶은 후 성조를 표기하세요.

ni          qu          zai          dian

hui          nar          shang

jia          qu          xue          xiao

③ 녹음을 듣고, 빈칸에 알맞은 성모를 쓰고 성조를 표시하세요.

**1**

朋友家
___ you ___

**2**

去公园
qu _____

**3**

我不去书店。
wo bu
qu _____.

**4**

你去哪儿?
ni qu ___?

④ 아래의 병음에 맞게 보기의 한자를 넣어 단어를 완성하세요.

去　学　商　家
回　校　店

1.  huí　jiā

2. qù　xué　xiào

3.  qù　shāng　diàn

⑤ 다음 대화에 맞는 말풍선을 찾아 대화해 보세요.

你去哪儿？

我不喜欢去＿＿＿。

你不喜欢去哪儿？

我去＿＿＿。

你喜欢去　　吗？

我喜欢＿＿＿。

⑥ 대화 내용에 맞는 내용을 골라 쓰세요.

A 你去哪儿?

B 妈妈喜欢去哪儿?

C 京京在哪儿?

1.
A : ＿＿＿＿＿＿
B : 京京在家.

2.
A : ＿＿＿＿＿＿
B : 妈妈喜欢去书店.

3.
A : ＿＿＿＿＿＿
B : 我去动物园.

**7** 녹음을 듣고 단어와 그림이 일치하면 O, 틀리면 X 를 표기하세요.

<예시>

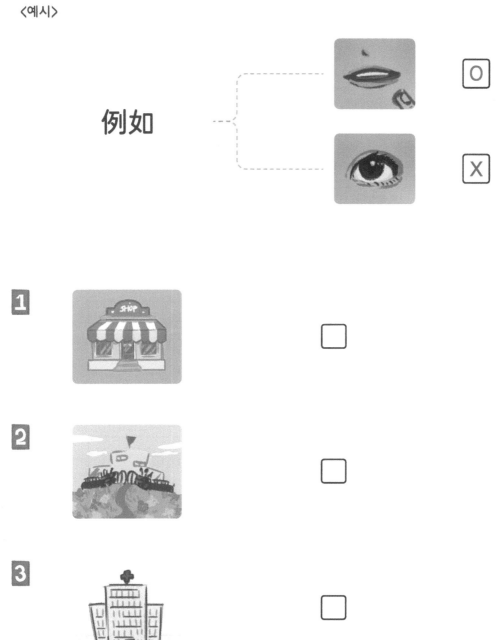

例如 ⸺ O

⸺ X

**1** ☐

**2** ☐

**3** ☐

8 단어와 그림이 일치하면 O, 틀리면 X 를 표기하세요.

<예시>

狗 (gǒu) ⬚ X

米饭 (mǐfàn) ⬚ O

1 我去学校.
( Wǒ qù xuéxiào. ) ⬚

2 妈妈去超市.
( Māma qù chāoshì. ) ⬚

3 爸爸去公司.
( Bàba qù gōngsī. ) ⬚

밑에 있는 문장을 여러번 따라 읽으며 발음을 연습해보세요.

(1) j + ü =

　　jū　jú　jǔ　jù

(2) q + ü =

　　qū　qú　qǔ　qù

(3) x + ü =

　　xū　xú　xǔ　xù

(4) j + üe =

　　juē　jué　juě　juè

(5) q + üe =

　　quē　qué　quě　què

(6) x + üe =

　　xuē　xué　xuě　xuè

많이 찾는 장소를 중국어로 알아봐요.

**超市**

chāoshì

[슈퍼마켓]

**邮局**

yóujú

[우체국]

**银行**

yínháng

[은행]

**医院**

yīyuàn

[병원]

**药店**

yàodiàn

[약국]

위의 장소를 대입해 해당 문장을 주고 받으며 연습해봐요〜

**你去哪儿?** Nǐ qù nǎr?

쭈이가 병원으로 갈 수 있게 미로를 통과해 길을 찾아주세요.

# 지금 몇 시야?

Xiànzài jǐ diǎn ?

现在几点?

## 10

### 학습 목표

지금 시간이 몇시 몇분인지 말해봐요.
시간의 따른 계획을 상대와 대화해보세요.

 **회화**

Track 10-1

MP3를 이용해 듣고, 말하고 써보세요.

**회화1** # 现在几点?

现在几点?
*Xiànzài jǐ diǎn?*

现在十二点二十分。
*Xiànzài shíèr diǎn èrshí fēn.*

你几点去学校?
*Nǐ jǐdiǎn qù xuéxiào?*

我八点半去学校。
*Wǒ bādiǎn bàn qù xuéxiào.*

Word 10-1

**단어 공부 시간**

| 点 | diǎn | 시 | 分 | fēn | 분 |
|---|---|---|---|---|---|
| 也 | yě | ~도(역시) | 现在 | xiànzài | 지금 |

**你几点去商店?**

妈妈，你几点去商店？
Māma, Nǐ jǐdiǎn qù shāngdiàn?

我三点去商店。
Wǒ sāndiǎn qù shāngdiàn.

妈妈，你晚上八点回家。
Māmā, Nǐ wǎnshang bādiǎn huíjiā.

对不对？
Duìbuduì?

对。你呢？你几点去汉语培训班？
Duì. Nǐne? Nǐ jǐdiǎn qù Hànyǔ péixùnbān?

我下午两点去汉语培训班。
Wǒ xiàwǔ liǎngdiǎn qù Hànyǔ péixùnbān.

Word 10-2

단어 공부 시간

| 早上 | zǎoshang | 아침 | 中午 | zhōngwǔ | 점심 |
| 晚上 | wǎnshang | 저녁 | | | |

예시 문구를 보기 단어와 조합해 여러 표현을 말해보세요.

现在十一点
Xiànzài shíyīdiǎn
十五分。
shíwǔ fēn.

现在几点？
Xiànzài jǐdiǎn？

예시

A: 现在几点？
Xiànzài jǐdiǎn？

B: 现在＿＿点＿＿分。
Xiànzài ＿＿ diǎn ＿＿ fēn.

Word 10-3

보기 단어

八点
bādiǎn
(8시)

十二点半
shíèrdiǎn bàn
(12시 30분)

五点二十五分
wǔdiǎn èrshíwǔ fēn
(5시 25분)

단어를 바꿔서 다양한 표현을 말해봐요.

예시

A: 你几点回家？

    Nǐ jǐdiǎn huíjiā？

B: 我 _____ 点 _____ 分回家。

    Wǒ _____ diǎn _____ fēn huíjiā.

Word 10-4

보기 단어

一点四十分

yīdiǎn sìshí fēn

(1시 40분)

十点四十六分

shídiǎn sìshí liù fēn

(10시 46분)

十一点五十二分

shíyīdiǎn wǔ shíèr fēn

(11시 52분)

한자를 보기와 같이 순서대로 따라 써 보세요.

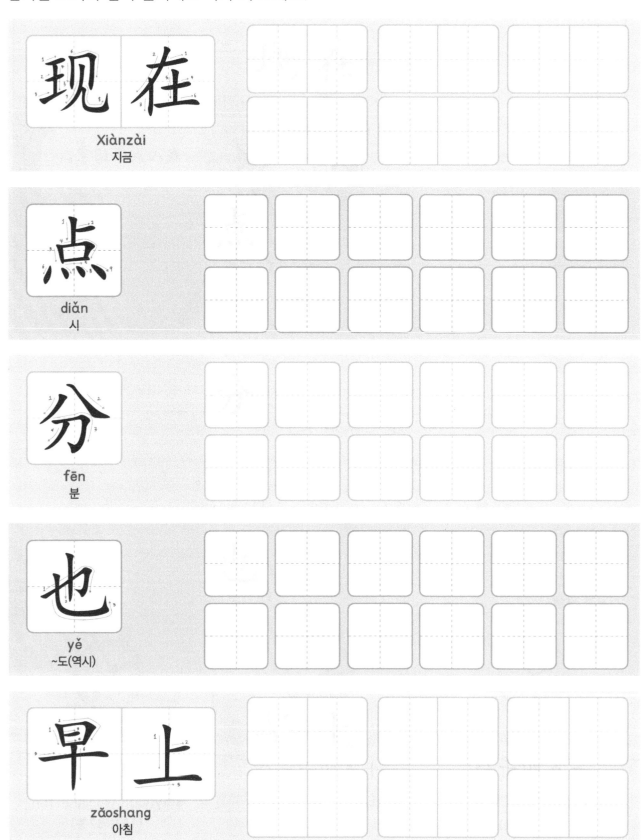

现在
Xiànzài
지금

点
diǎn
시

分
fēn
분

也
yě
~도(역시)

早上
zǎoshang
아침

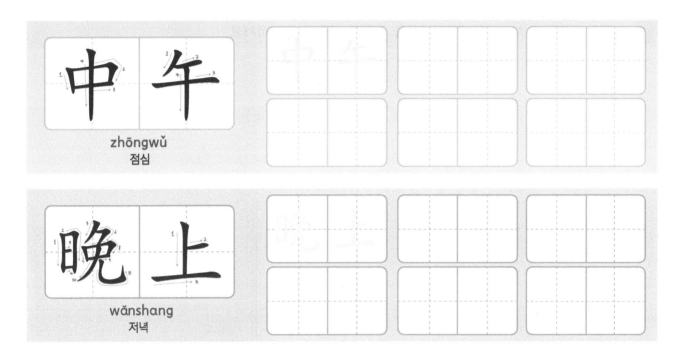

中午
zhōngwǔ
점심

晚上
wǎnshang
저녁

① 한자 단어들을 보고 네모안에 병음을 조합해 성조를 표기하세요.

z   x   d   y   f   w   sh   h   j

ian   ai   e   en   an   ang   ui   ia

现在      点      也

分      回家      晚上

Track 10-5

② 녹음을 듣고, 단어를 묶은 후 성조를 표기하세요.

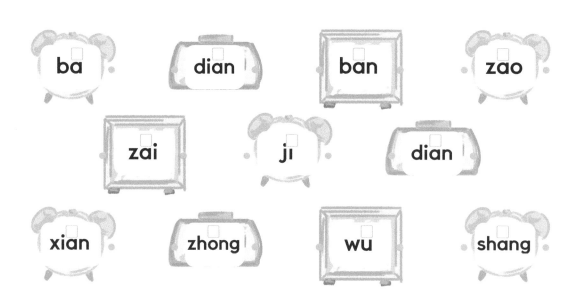

**③** 녹음을 듣고, 빈칸에 알맞은 성모를 쓰고 성조를 표시하세요.

**1**
晚上
＿＿shang

**2**
现在几点?
＿＿ zai
＿＿ dian?

**3**
你几点回家?
Ni ji ＿＿＿＿
hui＿＿?

**4**
一点四十分
yi ＿＿ sishi

**④** 아래의 한자 문장을 보고 보기의 있는 한자를 골라 빈칸에 써주세요.

점      八点      六点

1.
现在五 ☐ 。

2.
爸爸晚上 ☐ ☐ 回家。

3.
弟弟早上 ☐ ☐ 上学去了。

**5** 다음 대화에 맞는 말풍선을 찾아 대화해 보세요.

　你几点去学校？　　　　我爸爸＿＿点
　　　　　　　　　　　　　　　去公司。

　你爸爸几点去公司？　　我＿＿点回家。

　你几点回家？　　　　　我＿＿点去
　　　　　　　　　　　　　　　学校。

**6** 대화 내용에 맞는 내용을 골라 쓰세요.

A 你几点去学校？

B 爸爸晚上九点回家。

C 小狗几点睡觉？

1.
A : 你爸爸晚上几
　　点回家？
B : ＿＿＿＿＿＿

2.
A : ＿＿＿＿＿＿
B : 我不知道。

3.
A : ＿＿＿＿＿＿
B : 我八点去学校。

**7** 녹음을 듣고 단어와 그림이 일치하면 O, 틀리면 X 를 표기하세요.

&lt;예시&gt;

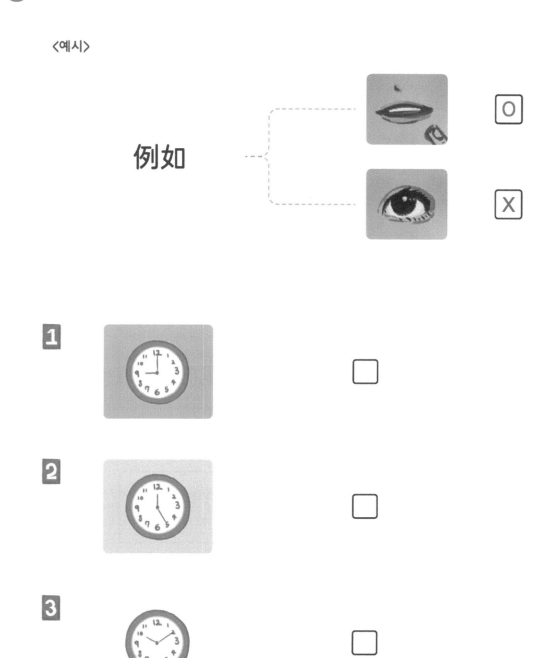

**1** ☐

**2** ☐

**3** ☐

8 단어와 그림이 일치하면 O, 틀리면 X 를 표기하세요.

〈예시〉

------------- 狗 (gǒu) [X]

------------- 米饭 (mǐfàn) [O]

1 现在五点.
( Xiànzài wǔdiǎn. ) [ ]

2 早上八点去学校.
( Zǎoshang bādiǎn qù xuéxiào. ) [ ]

3 爸爸晚上七点回家.
( Bāba wǎnshang qīdiǎn huíjiā. ) [ ]

밑에 있는 문장을 여러번 따라 읽으며 발음을 연습해보세요.

(1) h + ui =

huī   huí   huǐ   huì

(2) x + ian =

xiān   xián   xiǎn   xiàn

(3) y + e =

yē   yé   yě   yè

(4) x + üe=

xuē   xué   xuě   xuè

(5) q+ ün=

qūn   qún   qǔn   qùn

해당 시간에 맞게 시계의 시침과 분침을 그려주세요.

<예시>
三点钟

五点钟

四点二十分

七点三十二分

十点八分

两点四十五分

九点七分

四点五十五分

八点零一分

동요를 따라 불러보세요!

Track 10-8

星期天, 星期一, 星期二, 星期三, 星期四, 星期五, 星期六

xīngqītiān, xīngqīyī, xīngqī'èr, xīngqīsān, xīngqīsì, xīngqīwǔ, xīngqīliù

일요일, 월요일, 화요일, 수요일, 목요일, 금요일, 토요일

星期天, 星期一, 星期二, 星期三, 星期四, 星期五, 星期六

xīngqītiān, xīngqīyī, xīngqī'èr, xīngqīsān, xīngqīsì, xīngqīwǔ, xīngqīliù

일요일, 월요일, 화요일, 수요일, 목요일, 금요일, 토요일

La la la la la la La la la la la la

La la la la la la La la la la la la

라라라라라라 라라라라라라

你看 你看 一个星期有七天

nǐkàn nǐkàn yígè xīngqī yǒu qītiān

보라 보라 한 주에는 7일이 있어요

# 오늘은 몇 월 몇 일이니?

Jīntiān jǐ yuè jǐ hào ?

今天几月几号?

## 11

**학습 목표**

오늘은 몇 월 몇 일인지 말해봐요.
상대의 생일을 물어봐요.
어제는 몇 월 몇 일인지 말해봐요.
내일은 몇 월 몇 일인지 말해봐요.

 **회화**

MP3를 이용해 듣고, 말하고 써보세요.

**회화1** 今天几月几号?

今天几月几号？
Jīntiān jǐ yuè jǐ hào?

今天五月二十号。
Jīntiān wǔ yuè èrshí hào.

昨天是五月十九号吗？
Zuótiān shì wǔ yuè shíjiǔ hào ma?

昨天是五月十九号。
Zuótiān shì wǔ yuè shíjiǔ hào.

Word 11-1

**단어 공부 시간**

| 今天 | Jīntiān | 오늘 | 明天 | míngtiān | 내일 |
| 昨天 | zuótiān | 어제 | | | |

**你生日是几月几号?**

妈妈，你生日是几月几号 ？
Māma,　　Nǐ shēngrì shì jǐ yuè jǐ hào?

我生日是八月十六号，
Wǒ shēngrì shì bā yuè shíliù hào,

星期三。
Xīngqī sān.

Word 11-2

단어 공부 시간

月　yuè　월　　　　　　　号　hào　일

星期　xīngqī　요일

 말하기

예시 문구를 보기 단어와 조합해 여러 표현을 말해보세요.

예시

A: 今天几月几号？
　　Jīntiān jǐ yuè jǐ hào ?

B: 今天＿＿＿月＿＿＿号。
　　Jīntiān＿＿＿ yuè＿＿＿ hào.

보기 단어

一月三十一号

yī yuè sānshí yī hào

（1월 31일）

六月十五号

liù yuè shí wǔ hào

（6월 15일）

十一月三号

shíyī yuè sān hào

（11월 3일）

단어를 바꿔서 다양한 표현을 말해봐요.

예시

_____ 是我的生日。

_____ shì wǒ de shēngrì.

보기 단어

**昨天**
zuótiān
(어제)

**今天**
jīntiān
(오늘)

**明天**
míngtiān
(내일)

한자를 보기와 같이 순서대로 따라 써 보세요.

月
yuè
월

号
hào
일

星 期
xīngqí
요일

昨 天
zuótiān
어제

今 天
Jīntiān
오늘

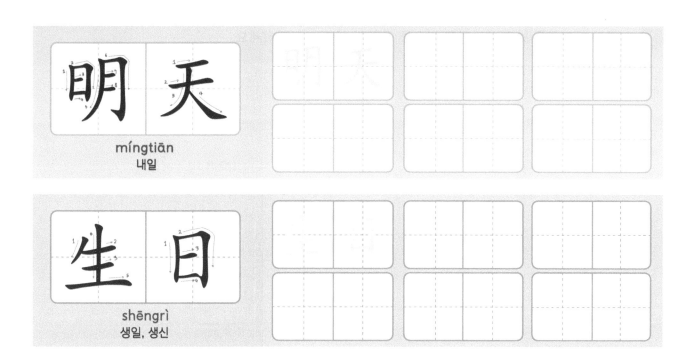

明天
míngtiān
내일

生日
shēngrì
생일, 생신

① 한자 단어들을 보고 네모안에 병음을 조합해 성조를 표기하세요.

x   q   h   y   z   t   m   j

ing   i   ao   üe   uo   ian   in

星期        号        月

昨天        明天        今天

Track 11-5

② 녹음을 듣고, 단어를 묶은 후 성조를 표기하세요.

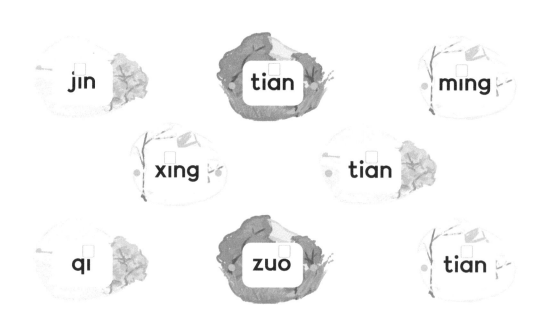

jīn        tian        mǐng

xīng        tian

qī        zuo        tian

③ 녹음을 듣고, 빈칸에 알맞은 성모를 쓰고 성조를 표시하세요.

**1**

今天几月几号?

＿＿ ji ＿＿ ji＿＿?

**2**

生日

＿＿ gri

**3**

星期三

＿＿qi san

**4**

昨天

＿＿ tian

④ 아래의 한자 문장을 보고 보기의 있는 한자를 골라 빈칸에 써주세요.

月　　明　　昨

1. 今天三 ☐ 三号。

2. ☐ 天三 ☐ 二号。

3. ☐ 天三 ☐ 四号。

**5** 다음 대화에 맞는 말풍선을 찾아 대화해 보세요.

今天几月几号?

今天__月__号。

昨天几月几号?

我生日是__月__号__。

你生日是几月几号?

昨天__月__号。

**6** 대화 내용에 맞는 내용을 골라 쓰세요.

A 昨天星期五.

B 你生日是几月几号?

C 儿童节是五月五号.

1.
A : 昨天星期几?

B : _____

2.
A : _____

B : 我生日是2月5号。

3.
A : 儿童节是几月几号?

B : _____

7 녹음을 듣고 단어와 그림이 일치하면 O, 틀리면 X 를 표기하세요.

〈예시〉

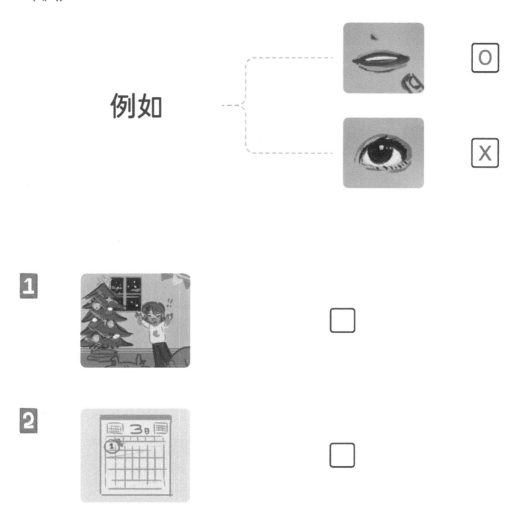

例如

1

2

3

⑧ 단어와 그림이 일치하면 O, 틀리면 X 를 표기하세요.

〈예시〉

狗 (gǒu)  X

米饭 (mǐfàn)  O

1 今天是十二月二十五号。
( Jīntiān shì shíèr yuè èrshíwǔ hào. )

2 明天是我的生日。
( Míngtiān shì wǒ de shēngrì. )

3 昨天是星期天。
( Zuótiānshì xīngqī tiān. )

밑에 있는 문장을 여러번 따라 읽으며 발음을 연습해보세요.

(1) y + üe =

yuē   yué   yuě   yuè

(2) y + ü =

yū   yú   yǔ   yù

(3) z + uo =

zuō   zuó   zuǒ   zuò

아래의 <보기>를 보고 숨은 단어들을 찾아주세요.

**<보기>**

| 今天 | 明天 | 昨天 | 星期 | 几月几号 |

| 五月二十号 | 妈妈生日 | 星期三 | 五月五号 |

| 今 | 天 | 三 | 我 | 五 | 周 | 六 | 圣 | 五 | 节 | 昨 |
|---|---|---|---|---|---|---|---|---|---|---|
| 十 | 我 | 五 | 生 | 是 | 日 | 节 | 今 | 中 | 天 | 五 |
| 一 | 你 | 几 | 月 | 天 | 一 | 号 | 是 | 几 | 昨 | 六 |
| 妈 | 今 | 十 | 圣 | 五 | 我 | 儿 | 你 | 月 | 天 | 周 |
| 妈 | 月 | 六 | 昨 | 三 | 号 | 中 | 春 | 今 | 十 | 今 |
| 生 | 儿 | 五 | 几 | 号 | 几 | 生 | 中 | 昨 | 周 | 十 |
| 日 | 星 | 节 | 五 | 月 | 二 | 十 | 号 | 一 | 月 | 日 |
| 今 | 秋 | 圣 | 星 | 日 | 月 | 儿 | 后 | 三 | 几 | 春 |
| 一 | 十 | 明 | 天 | 期 | 今 | 天 | 五 | 月 | 我 | 今 |
| 我 | 几 | 圣 | 秋 | 是 | 三 | 星 | 几 | 今 | 三 | 中 |
| 周 | 三 | 节 | 中 | 生 | 今 | 号 | 星 | 期 | 你 | 六 |

## 중국의 계절에 대해 알아봐요!

### 1. 중국의 계절

중국은 한국과 마찬가지로 4계절이 있습니다. 워낙 국토가 넓기 때문에 지역별로 뚜렷히 나타나지 않은 계절이 있기도 하겠지만 기본적으로 4계절입니다. (봄, 여름, 가을, 겨울)

### 2. 중국어 계절 및 날씨 표현

계절 季节 jì jié / 사계절 四季 sì jì
날씨 天气 tiān qì

**봄 春天 chūntiān**

계절과 어울리는 단어

暖和(nuǎn·huo 따뜻하다), 开花(kāi huā 꽃이 피다), 黄沙(huáng shā 황사)

**여름 夏天 xiàtiān**

계절과 어울리는 단어

暑假(shǔ jià 여름 방학), 蚊子(wén·zi 모기), 炎热(yán rè 무덥다, 찌는 듯 하다)

**가을 秋天 qiūtiān**

계절과 어울리는 단어

秋粮(qiū liáng 가을(추수한)곡식), 红叶(hóng yè 단풍), 凉快(liáng kuai 선선하다)

**겨울 冬天 dōngtiān**

계절과 어울리는 단어

雪(xuě 눈), 寒冷(hán lěng 몹시 춥다), 哈气(hā qì 입김)

# 너는 무엇을 보니?

Nǐ kàn shénme?

你看什么?

# 12

**학습 목표**

자신의 취미생활에 대해 말해봐요.
상대의 취미를 물어봐요.

## 회화1 你看什么？

你看什么？
Nǐ kàn shénme?

我看书。
Wǒ kàn shū.

你看什么书？
Nǐ kàn shénme shū?

我看汉语书。
Wǒ kàn Hànyǔ shū.

Word 12-1

### 단어 공부 시간

| | | | | |
|---|---|---|---|---|
| 看 | kàn | 보다 | 说 | shuō 말하다 |
| 写 | xiě | 쓰다 | 书 | shū 책 |
| 作业 | zuòyè | 숙제 | | |

MP3를 이용해 여러번 복습해요.

## 회화2   你喜欢做什么?

你喜欢做什么？
Nǐ xǐhuan zuò shénme?

我喜欢听音乐。你呢？
Wǒ xǐhuan tīng yīnyuè.     Nǐ ne?

我喜欢看电视。
Wǒ xǐhuan kàn diànshì.

我喜欢玩儿手机。
Wǒ   xǐhuān wánr shǒujī.

Word 12-2

### 단어 공부 시간

| | | | | |
|---|---|---|---|---|
| 听 | tīng | 듣다 | 做 zuò | 하다, 만들다 |
| 电视 | diànshì | 텔레비전 | 电影 diànyǐng | 영화 |
| 音乐 | yīnyuè | 음악 | | |

MP3를 이용해 따라 말해보세요.

예시 문구를 보기 단어와 조합해 여러 표현을 말해보세요.

예시

A: 你喜欢看什么？
Nǐ xǐhuan kàn shénme ?

B: 我喜欢看_____。
Wǒ xǐhuān kàn_____.

보기 단어

书
shū
(책)

体育比赛
tǐyù bǐsài
(운동경기)

电影
diànyǐng
(영화)

단어를 바꿔서 다양한 표현을 말해봐요.

你喜欢听音乐吗?
Nǐ xǐhuan tīng yīnyuè ma?

非常喜欢。
Fēi cháng xǐhuan.

예시

A: 你喜欢听什么音乐?
Nǐ xǐhuan tīng yīnyuè ma?

B: 我喜欢听＿＿＿＿。
Wǒ xǐhuan tīng＿＿＿＿.

보기 단어

**抒情歌**
shūqíng gē
(발라드 노래)

**爵士**
juéshì
(재즈)

**流行歌曲**
Liúxíng gēqǔ
(인기곡, Pop송)

한자를 보기와 같이 순서대로 따라 써 보세요.

看
kàn
보다

说
shuō
말하다

听
tīng
듣다

写
xiě
쓰다

做
zuò
하다, 만들다

**电视**
diànshì
텔레비전

**电影**
diànyǐng
영화

**书**
shū
책

**作业**
zuòyè
숙제

**音乐**
yīnyuè
음악

**실력향상**

① 한자 단어들을 보고 네모안에 병음을 조합해 성조를 표기하세요.

ue　　in　　an　　u　　ian

z　　x　　y　　t　　k　　sh　　d

e　　i　　uo　　ie　　ing

写作业　　　听音乐　　　看书　　　看电影　　　看电视

Track 12-5

② 녹음을 듣고, 단어를 묶은 후 성조를 표기하세요.

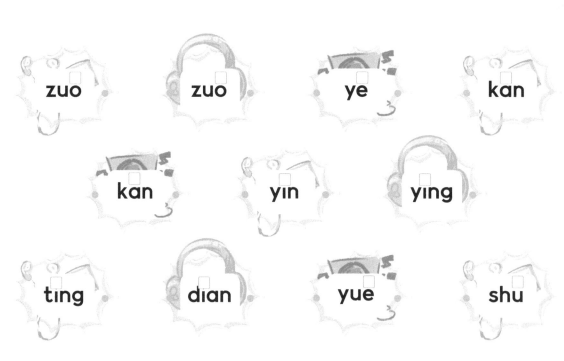

zuo　　zuo　　ye　　kan

kan　　yin　　ying

ting　　dian　　yue　　shu

③ 녹음을 듣고, 빈칸에 알맞은 성모를 쓰고 성조를 표시하세요.

**1**  看书
kan _____

**2**  听音乐
ting _____

**3**  我喜欢看
电视。
wo _____
kan _____ .

**4**  我喜欢听
爵士。
wo xihuan
_____ .

④ 아래의 한자를 보고 알 맞은 한자와 연결해주세요.

 ·

·

 ·

·

 ·

·

 ·

·

⑤ 다음 대화에 맞는 말풍선을 찾아 대화해 보세요.

 你喜欢看电视吗？  我__写作业。

 你喜欢听音乐吗？  我__看电视。

 你喜欢写作业吗？  我__听音乐。

⑥ 대화 내용에 맞는 내용을 골라 쓰세요.

A 你喜欢看电视吗？

B 我爸爸喜欢听音乐。

C 妈妈喜欢看书。

1.
A : ＿＿＿＿＿＿
B : 我喜欢看电视。

2.
A : 你爸爸喜欢听音乐吗？
B : ＿＿＿＿＿＿

3.
A : 你妈妈喜欢看书吗？
B : ＿＿＿＿＿＿

**7** 녹음을 듣고 단어와 그림이 일치하면 O, 틀리면 X 를 표기하세요.

<예시>

例如

O

X

**1**
☐

**2**
☐

**3**
☐

8 단어와 그림이 일치하면 O, 틀리면 X 를 표기하세요.

〈예시〉

狗 (gǒu)  [ X ]

米饭 (mǐfàn)  [ O ]

1

我喜欢看电视.
( Wǒ xǐhuan kàn diànshì. )  [ ]

2

妈妈喜欢看书.
( Māma xǐhuan kàn shū. )  [ ]

3

爸爸喜欢听音乐.
( Bàba xǐhuan tīng yīnyuè. )  [ ]

밑에 있는 문장을 여러번 따라 읽으며 발음을 연습해보세요.

(1) sh + i =

shī  shí  shǐ  shì

(2) sh + u =

shū  shú  shǔ  shù

(3) y + ü =

yū  yú  yǔ  yù

(4) y + üe =

yuē  yué  yuě  yuè

(5) y + ing =

yīng  yíng  yǐng  yìng

9과 허와 함께

복습하며 나아가는 마블놀이

| Start → | 01 상대방에게 인사하기 | 02 자신의 이름을 소개해보자! | 03 자신이 좋아하는 아이돌 소개! |  | 05 자신의 소개 |
|---|---|---|---|---|---|

| 21 너가 지금 마시고 싶은 음료는? |  | 19 너가 좋아하는 음식은? | 18 키우고 싶은 동물이 있다면? | 17 너가 좋아하는 동물은? | 2칸 뒤 |
|---|---|---|---|---|---|

| 22 너가 자주가는 장소는? |  ← 1칸 뒤로 | 24 의미있는 장소는? | 25 지금 가고싶은 장소는 어디야? | 26 너가 자는 시간은 몇시야? | 무인 |
|---|---|---|---|---|---|

 Rule

- 무인도 : 한 번 쉬세요.
- 칭찬열쇠 : 주사위를 던진 사람을 제외한 나머지 친구들에게 중국어로 칭찬을 해주세요.
- 사다리 : 사다리를 타려면 해당 탄의 질문에 답하고 사다리의 질문에 답해야만 탈 수 있어요. 사다리를 타고 내려간 칸은 쉬어갑니다.

모든 문장에는 중국어로 답해주세요!

| | 06 | 07 | 08 | 09 | |
|---|---|---|---|---|---|
| 나이를<br>하기! | 지금 당장 가고<br>싶은 나라는? | 얼마전 놀러간<br>나라는? | 자신의<br>나이는? | 부모님의 나이는<br>어떻게 되나요?(<br>가족 중 한명만) | 무인도 |

| | 15 | 14 | 13 | 12 | 11 |
|---|---|---|---|---|---|
| | 너는 키가<br>커? 작아? | 염색을<br>한다면 무슨색<br>이 좋아? | 어떤 머리<br>스타일이 좋아?<br>(짧은&긴) | 자신의<br>얼굴 특징은? | 가족은<br>누구 누구<br>있어? |

축하해~

| 28 | 29 | 30 | 31 | |
|---|---|---|---|---|
| 너가 일어나는<br>시간은 몇시야? | 너의 생일은<br>몇 월 몇 일<br>이야? | 너의<br>취미는 뭐야? | 좋아하는<br>음악은 뭐야? | Finish |

**사다리**를 타고 싶다면 해당 칸의 주어진 질문에 답해주세요!

| 03 | ..................................................................... | 중국 국기 이름은 뭔가요? |
|---|---|---|
| 08 | ..................................................................... | 가족 구성원 모두의 나이를 소개해 주세요. |
| 15 | ..................................................................... | 자신의 키는 몇 cm인지 숫자를 말해주세요. |
| 19 | ..................................................................... | 두번째로 좋아하는 음식은 무엇인가요? |

# 정답

## 같이 확인해봐요!

1과   26~27p

실력향상

Track 01-6

① 한자 단어들을 보고 네모안에 병음을 조합해 성조를 표기하세요.

```
x  b  d  h  k  g  n  m  q
e  i  u  ie  ao  uon  ui  ei
```

| 你好 | 谢谢你 | 不客气 | 对不起 | 没关系 |
|---|---|---|---|---|
| nǐ hǎo | xiè xie nǐ | bú kèqi | duìbuqǐ | méi guānxi |

② 녹음을 듣고, 단어를 묶은 후 성조를 표기하세요.

Track 01-6

③ 녹음을 듣고, 빈칸에 알맞은 성모를 쓰고 성조를 표시하세요.

**1**  没关系
méi guānxi

**2**  再见
zàijiàn

**3**  对不起
duìbuqǐ

**4**  谢谢你
xièxie nǐ

④ 아래의 한자 조합에 따라 알맞은 한자를 골라 연결한 후 맞는 한자를 써주세요.

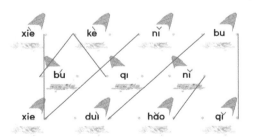

1. 亻尔 好
2. 又寸 不走己
3. 氵殳 关系

26 你好!

배이징 탑 중국어 27

**210**  정답

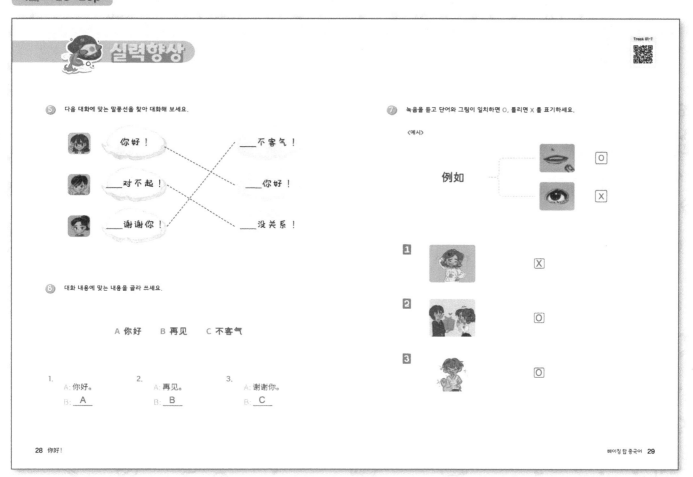

⑤ 다음 대화에 맞는 말풍선을 찾아 대화해 보세요.

你好！ ——— 不客气！
____对不起！ ——— ____你好！
____谢谢你！ ——— ____没关系！

⑥ 대화 내용에 맞는 내용을 골라 쓰세요.

A 你好    B 再见    C 不客气

1. A: 你好。
   B: __A__

2. A: 再见。
   B: __B__

3. A: 谢谢你。
   B: __C__

⑦ 녹음을 듣고 단어와 그림이 일치하면 O, 틀리면 X 를 표기하세요.

〈예시〉

例如 ⟶ [O] / [X]

1  [X]

2  [O]

3  [O]

28 你好！

베이징 탑 중국어 29

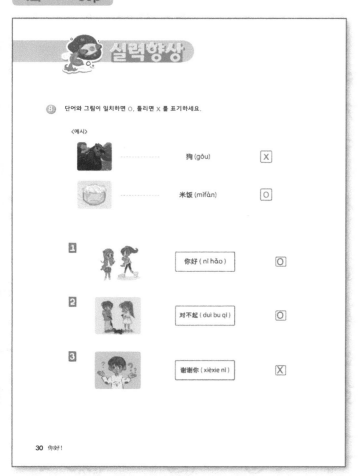

⑧ 단어와 그림이 일치하면 O, 틀리면 X 를 표기하세요.

〈예시〉

狗 (gǒu)  [X]

米饭 (mǐfàn)  [O]

1  你好 ( nǐ hǎo )  [O]

2  对不起 ( duì bu qǐ )  [O]

3  谢谢你 ( xièxie nǐ )  [X]

30 你好！

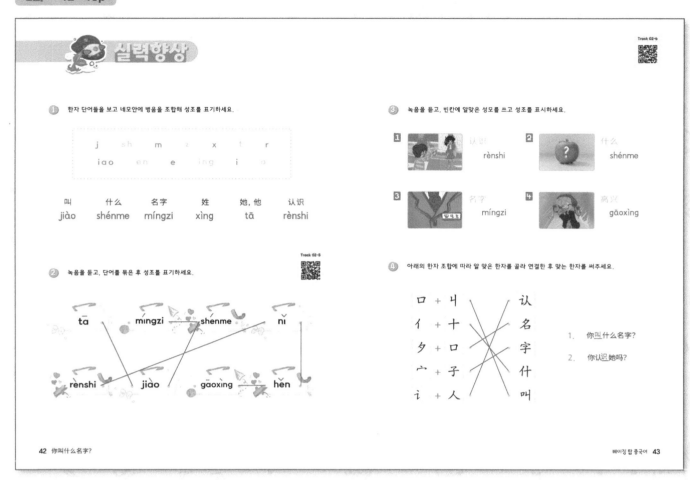

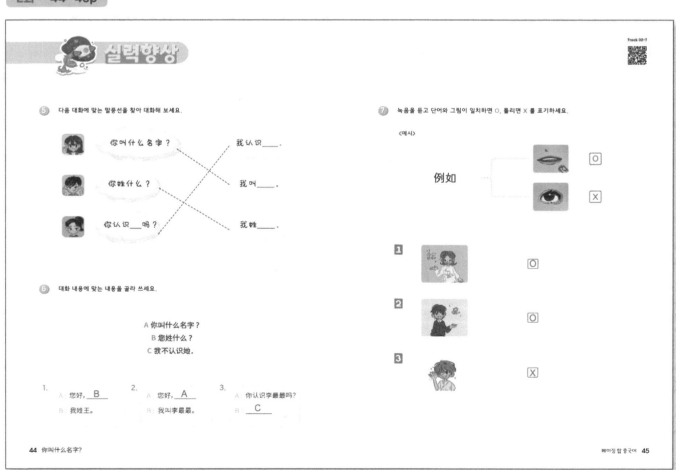

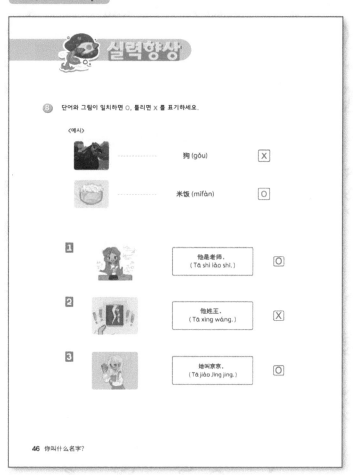

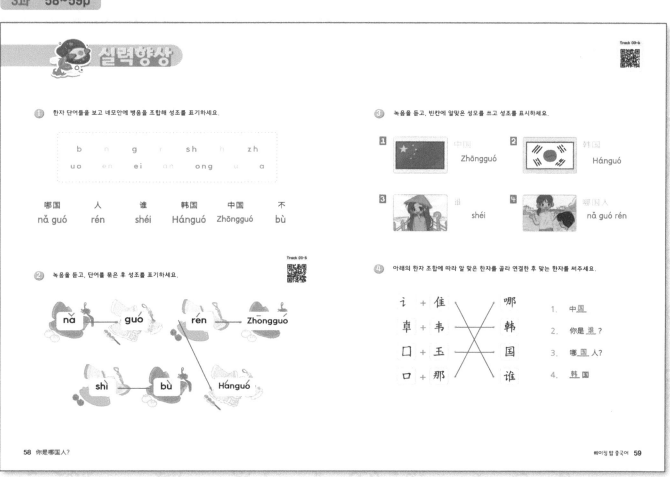

베이징 탑 중국어 213

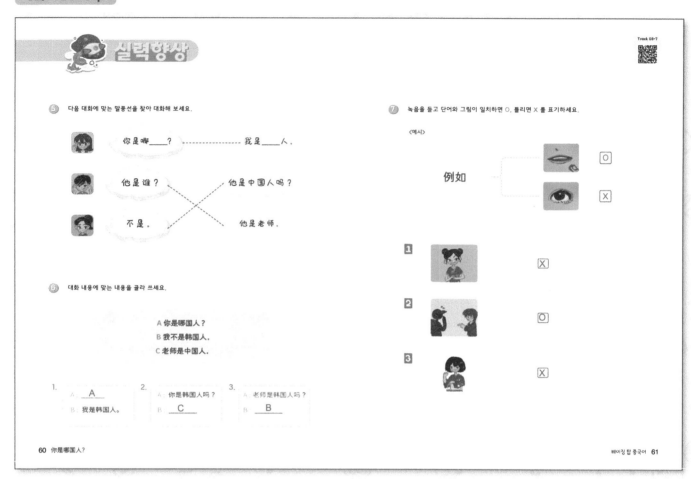

⑤ 다음 대화에 맞는 말풍선을 찾아 대화해 보세요.

你是哪____? ─────── 我是____人.

他是谁? ─────── 他是中国人吗?

不是. ─────── 他是老师.

⑥ 대화 내용에 맞는 내용을 골라 쓰세요.

A 你是哪国人？
B 我不是韩国人。
C 老师是中国人。

1. A : __A__
   B : 我是韩国人。

2. A : 你是韩国人吗？
   B : __C__

3. A : 老师是韩国人吗？
   B : __B__

⑦ 녹음을 듣고 단어와 그림이 일치하면 O, 틀리면 X 를 표기하세요.

〈예시〉

例如 ─── [O]
　　　　  [X]

1. [X]

2. [O]

3. [X]

60　你是哪国人?

베이징 탑 중국어 61

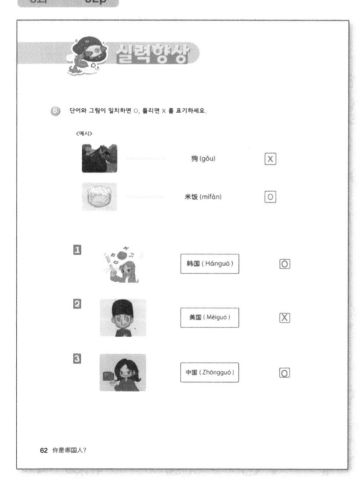

⑧ 단어와 그림이 일치하면 O, 틀리면 X 를 표기하세요.

〈예시〉

狗 (gǒu)　[X]

米饭 (mǐfàn)　[O]

1. 韩国 ( Hánguó )　[O]

2. 美国 ( Měiguó )　[X]

3. 中国 ( Zhōngguó )　[O]

62　你是哪国人?

**214** 정답

## 4과    74~75p

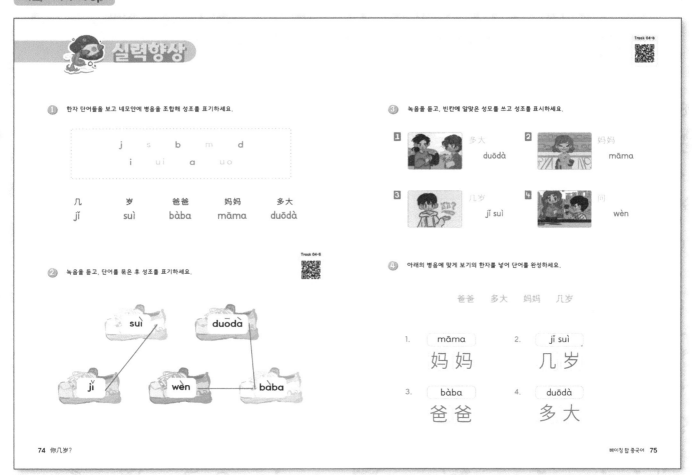

## 4과    76~77p

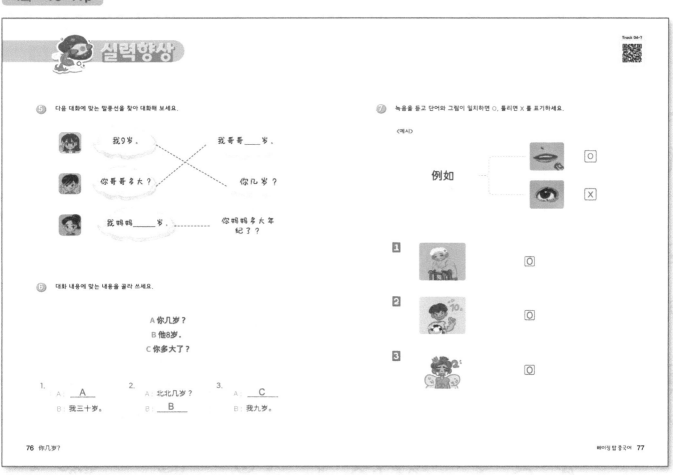

4과    78p

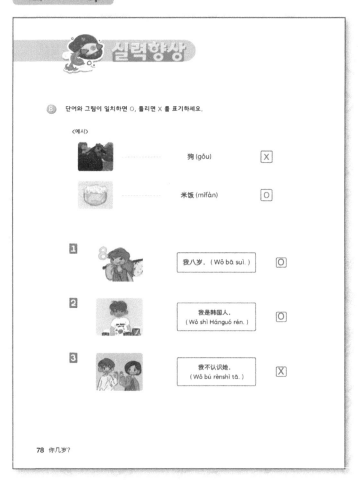

5과    90~91p

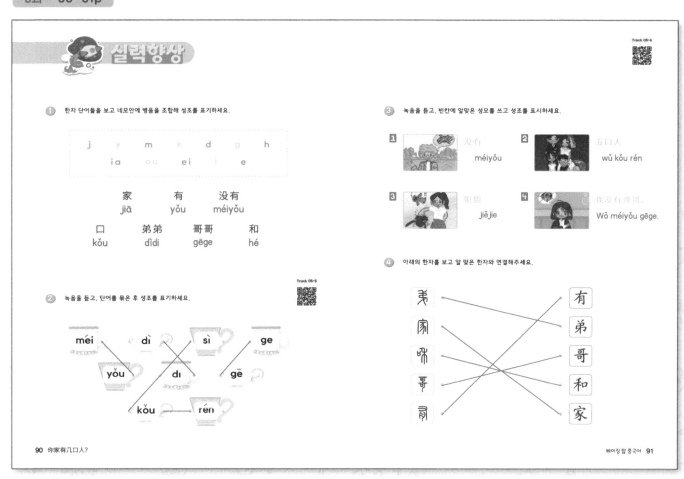

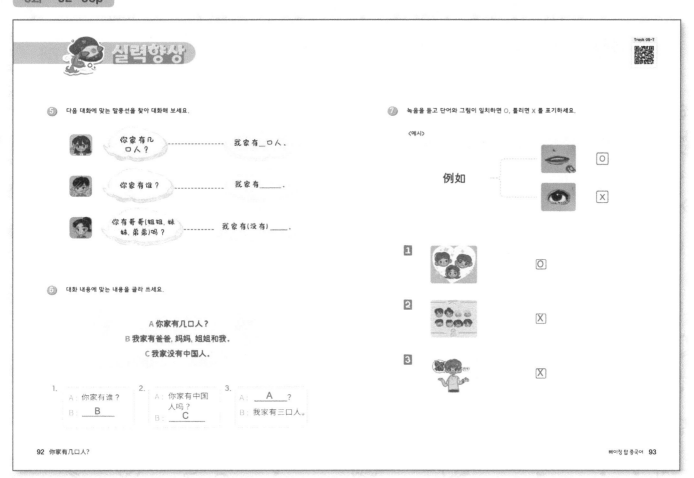

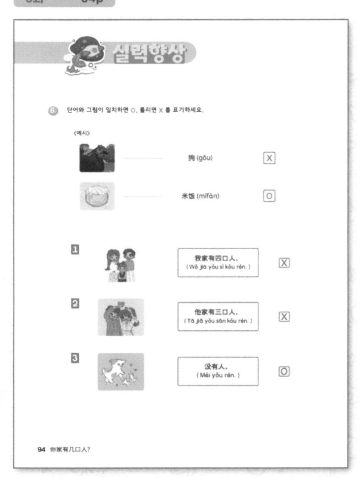

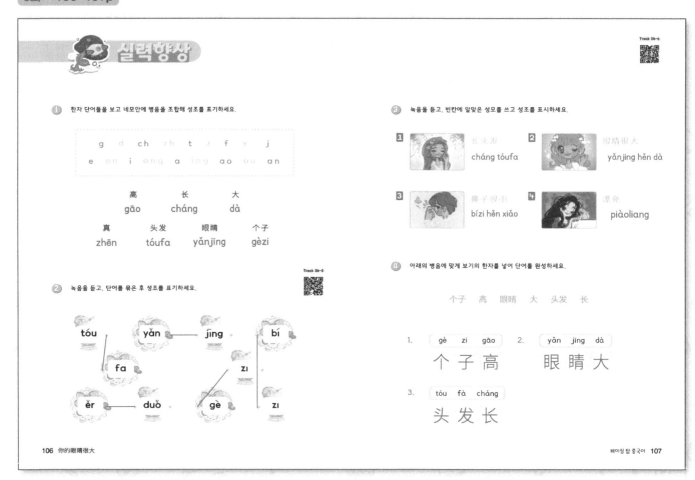

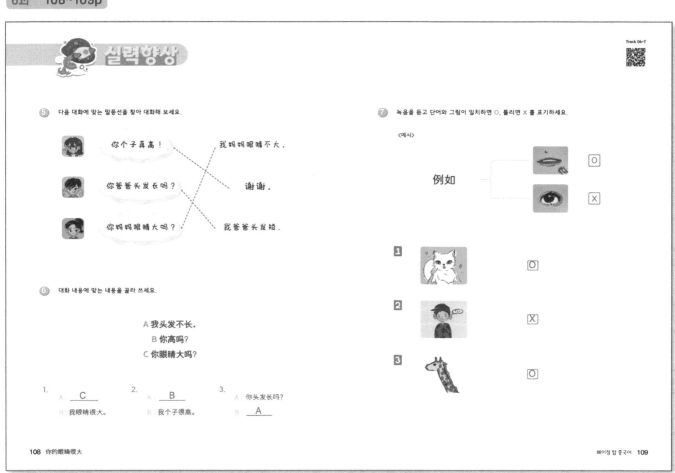

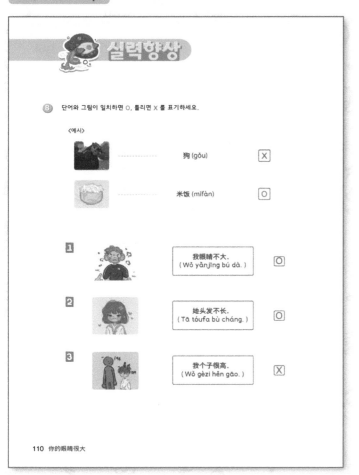

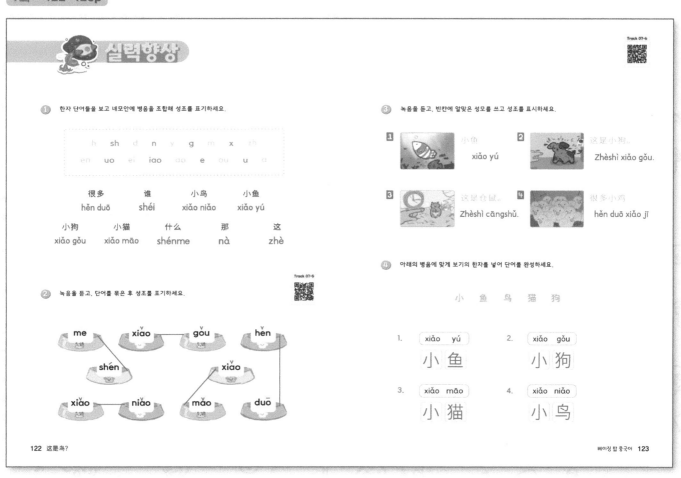

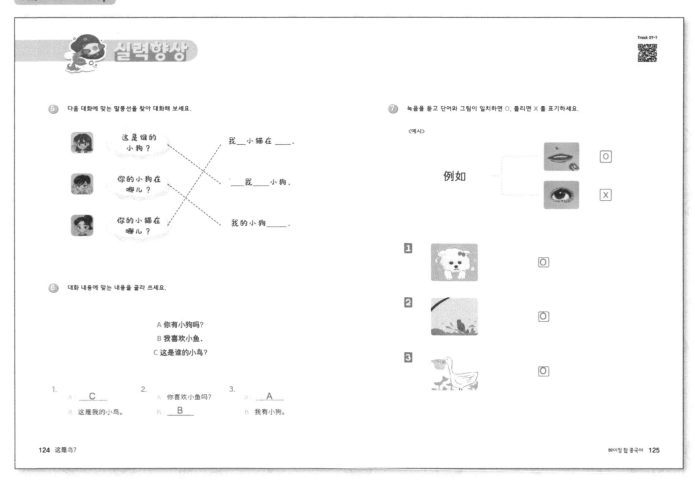

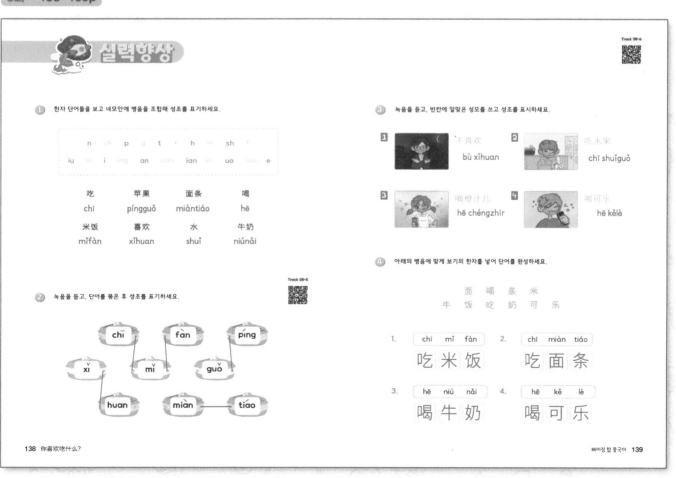

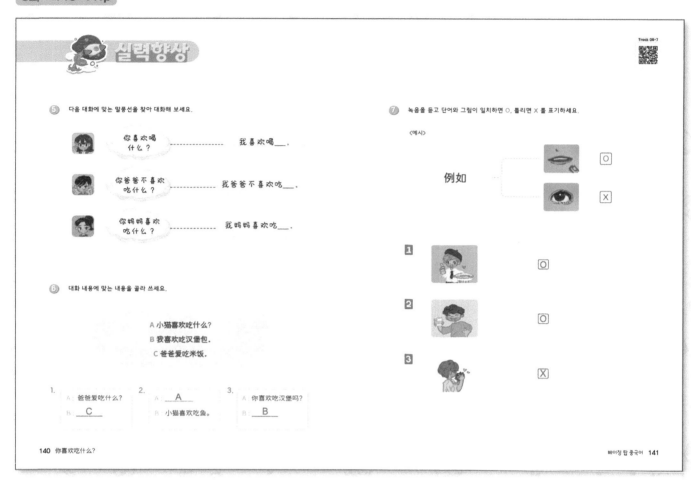

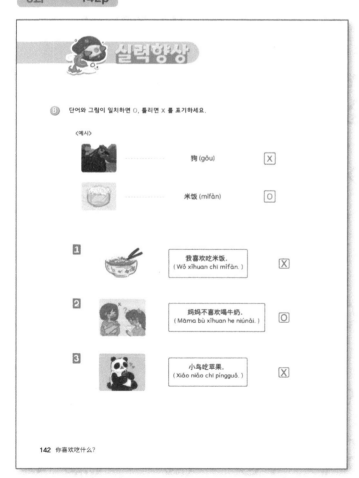

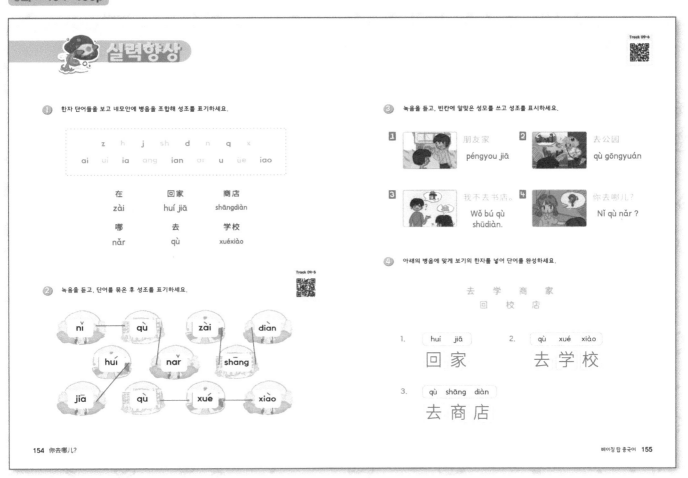

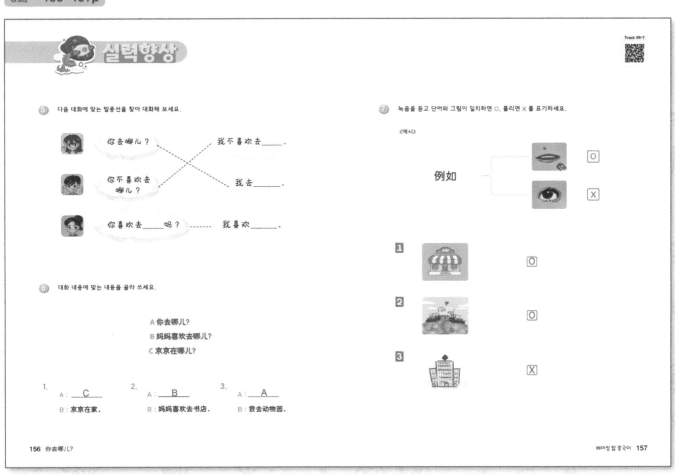

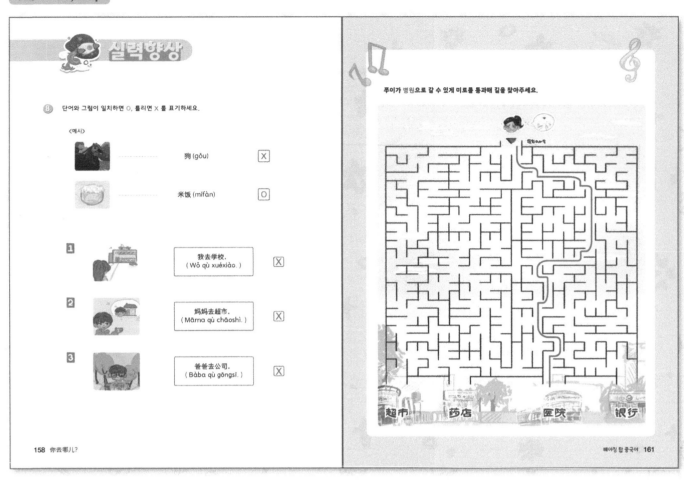

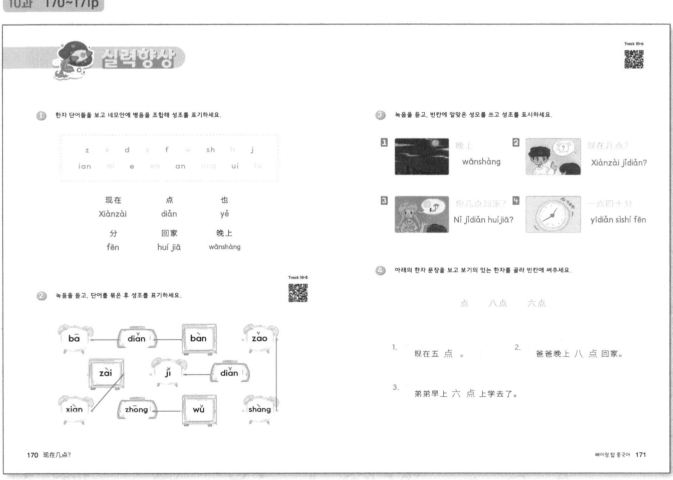

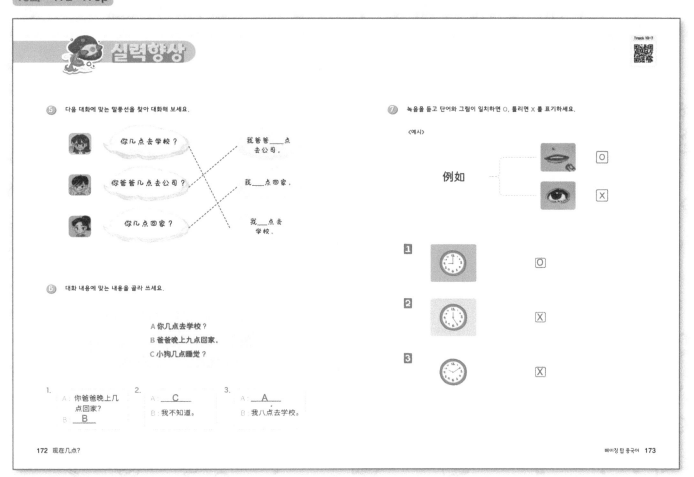

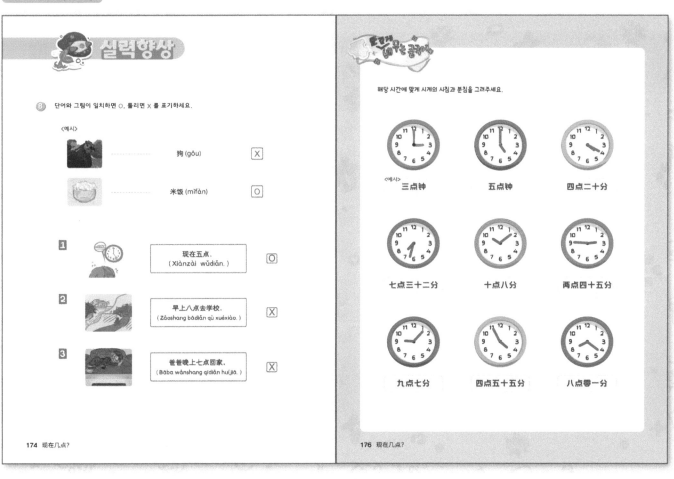

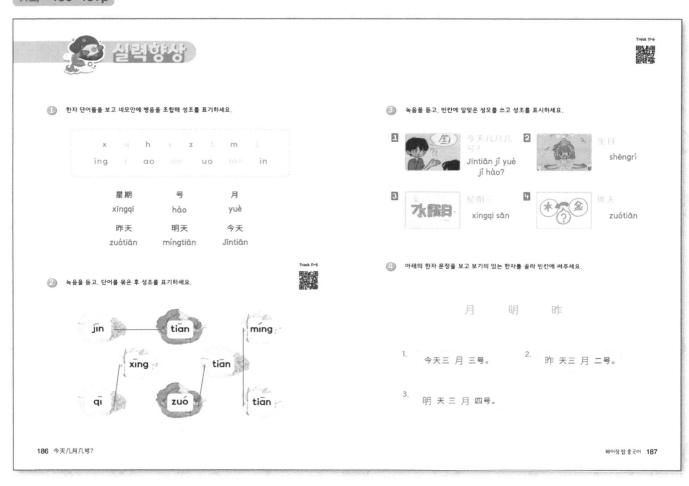

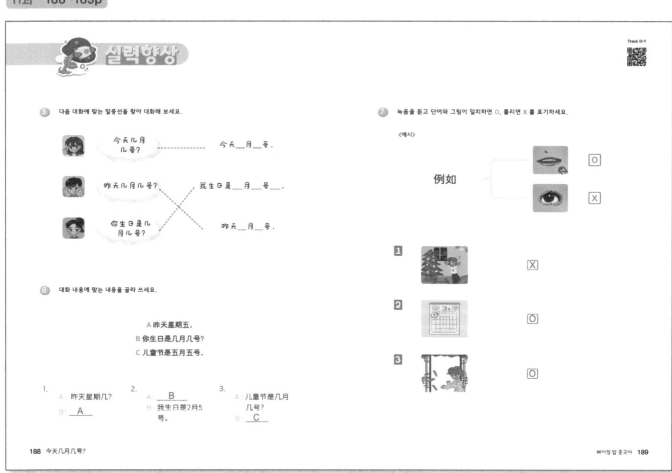

**226** 정답

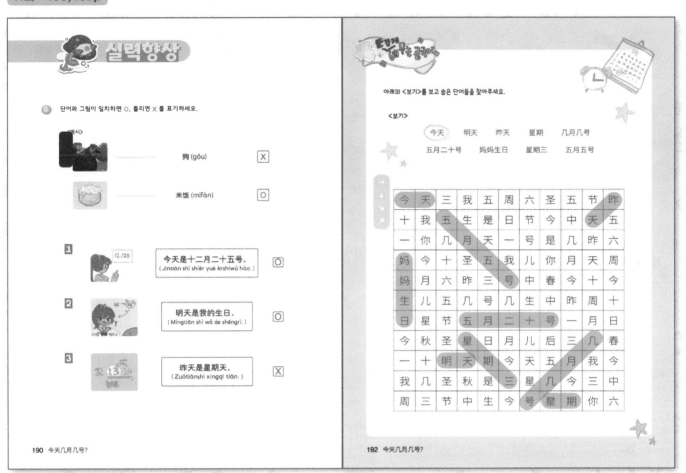

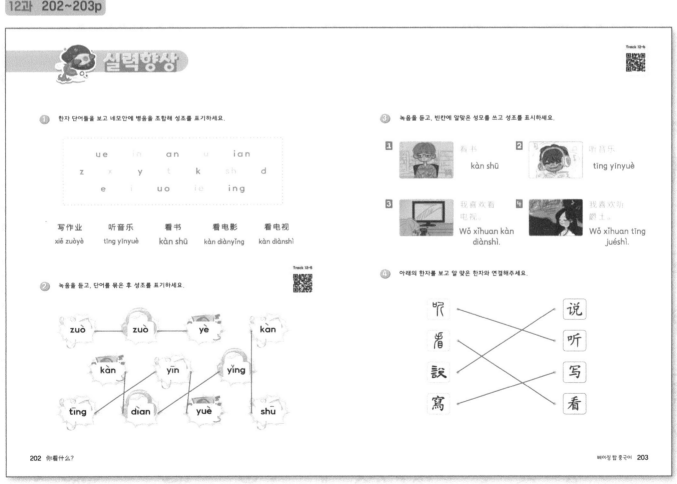

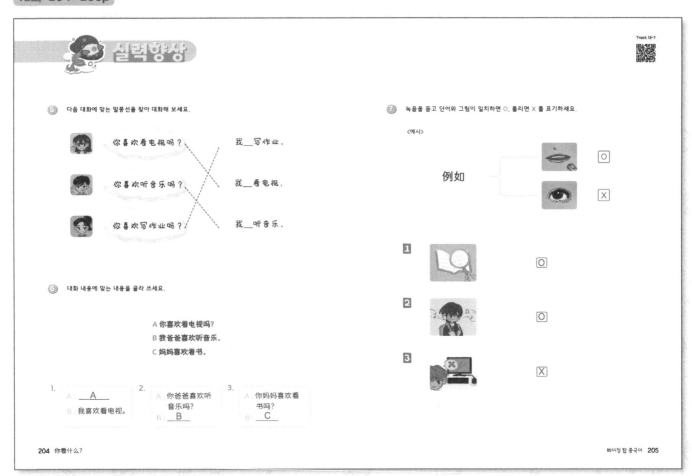

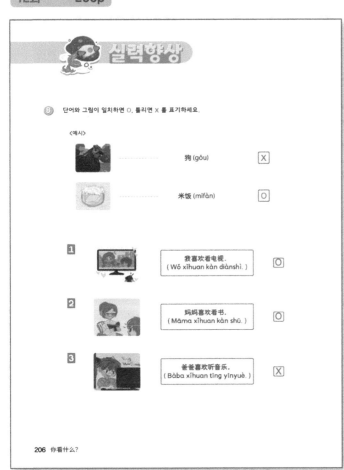

# 탑 어린이 중국어

초판 1쇄 발행  2024년 06월 09일

지은이_ 김미홍; 왕가기(王佳琦)
펴낸이_ 김동명
펴낸곳_ 도서출판 창조와 지식
디자인_ 황소향
인쇄처_ (주)북모아

출판등록번호_ 제2018-000027호
주소_ 서울특별시 강북구 덕릉로 144
전화_ 1644-1814
팩스_ 02-2275-8577

ISBN  979-11-6003-740-1(63720)

정가 20,000원

지식의 가치를 창조하는 도서출판

www.mybookmake.com